Max Weber

西方著名法哲学家丛书（第一辑）

吕世伦　徐爱国 主编

肯尼迪：

批判法学的教皇

徐爱国等◎著

黑龙江大学出版社

HEILONGJIANG UNIVERSITY PRESS

图书在版编目（CIP）数据

肯尼迪：批判法学的教皇 / 徐爱国等著 . -- 哈尔滨：黑龙江大学出版社，2009.6（2021.8 重印）
（西方著名法哲学家丛书 . 第 1 辑 / 吕世伦，徐爱国主编）
ISBN 978-7-81129-168-1

Ⅰ . 肯… Ⅱ . 徐… Ⅲ . 肯尼迪，J . 一法哲学一研究 Ⅳ . D90

中国版本图书馆 CIP 数据核字（2009）第 090098 号

肯尼迪：批判法学的教皇
KENNIDI：PIPAN FAXUE DE JIAOHUANG
徐爱国等　著

责任编辑　孟庆吉
出版发行　黑龙江大学出版社
地　　址　哈尔滨市南岗区学府三道街 36 号
印　　刷　三河市春园印刷有限公司
开　　本　880 毫米 ×1230 毫米　1/32
印　　张　6.5
字　　数　160 千
版　　次　2009 年 6 月第 1 版
印　　次　2022 年 1 月第 2 次印刷
书　　号　ISBN 978-7-81129-168-1
定　　价　39.80 元

总 序

人类的法律文化或法律文明，可以区分为法律制度和法律思想两大载体。法律是硬结构，法律思想是软结构。历史地看，它们共生并相互渗透和依存。比较而言，法律制度通常趋向于稳定和迟滞，而法律思想则显得敏锐和活泼。由于此缘故，一个时代的法律文化变迁，总不免表现为法律思想为先导，法律制度随之产生或变革。

中国为古老文明的大国，原本有自己独到的法律传统，也有自己的法律思维范式。临到清末，在西方列强的入侵和文化的冲击下，中国法律文化传统出现断裂，开始发生历史性的转型。早些时候，中国人学习日本，而日本的法律又来自于西方的德国。晚些时候又学习前苏联的法律，中国法律传统又增添了社会主义法律的色彩。这样一来，我们现今的法律同时是中国传统法律、西方自由主义法律和社会主义法律的混合体。反过来也可以说，我们的法律既欠缺中国传统，也欠缺东洋（日本）和西洋（欧美）的法律传统。法律职业者们所学和所用的是西方的法典，而要解决的则是中国社会本身的问题。

不可否认，近代以来的西方法律是摆脱人身依附关系及倡导民主与法治的先行者。因此，对它不应当亦不可能漠然对待，更不能简单地予以排斥。不过，在东西方有重大差异的法域，法律职业者生搬硬套西方的法律理念处理中国的问题，就意味着粗暴地对待了中国的社会。另一方面,当法律职业者们这样做的时候,又没有真正弄懂西方法律制度得以建立的法律理论,这又粗暴地对待了西方法律。中国学习西方法律已是历经百余年的不争事实。现今,法律制度的趋同化与各民族法律个性的减弱,是法律发展的一般模式。面对此种时代的大趋势,我们要做的不仅仅是要建立现代的法律体系,更重要和更深层次的在于弄清作为西方法律制度底蕴的法律思想。换言之,法律的研究和运用,只停留在法律制度的建立及相关资料的整理和解释上是远远不够的,而应该是法律规范与法律精神的统一。善于从法律制度中寻找法律的精神,从法哲学的抽象中探取法律实践所隐含的意义,才是中国法律职业者的共同任务。

从中西法律制度借鉴的角度看,我们更多地移植了西方的法律制度,而对西方法律精神则关注不足,主要表现在没有把握到西方法律的精髓。只有法律制度的引进,没有法律思想的参详,如同只有计算机的硬壳而无计算机的软件;没有法律的思想而实施法律的制度,那么法治的运行便成为无从谈起的问题。理解、消化和应用西方法律制度中所包含的法律理论,是我们继续和深化法律现代制度的紧迫任务。正是基于这样的考虑,我们决定编写一套西方法哲学家的学术传记丛书。

西方法律思想存在于西方法哲学家的脑子里,表现在他们各具特色的个人生活之中,物化于他们的法律著作之内。每个法哲学家的思想各不相同,但是同一时代的一批法学家则代表了那个时代的法律思想文明。同样,每个时代法学家的思想也各不相同,存在着主流与非主流甚至逆流的思想观点的交叉与对立。几千年西方法律思想家的理论传承,构成了西方法律思想史的全景。基于这样的认识,本套丛书的着眼点是法学家个体。通过每个法学家独特的经历、独特的思考和独特的理论,我们能够把握西方法律传统的精神和品质。

今天,我们正在建立和完善中国特色社会主义的法律体系。这首先就要求有充实而有效的中国特色社会主义法律理念。中国特色社会主义法律理念要在马克思主义法律观的指导下，广泛借鉴古今中外的法律精神遗产，尤其要"立足中国，借鉴西方"才能达成。

是为序。

吕世伦　徐爱国
2008 年 12 月

目　录

导言　愤怒的肯尼迪

第一节　肯尼迪教授之奇人奇事

肯尼迪（Duncan·Kennedy），哈佛大学法学院一般法理学卡特教席教授（Carter Professor of General Jurisprudence）。1942年，他出生于华盛顿特区，1964年获得哈佛学院经济学学士，1970年获得耶鲁法学院法律硕士，2005年荣获阿姆斯特丹大学私法名誉博士。1970—1971年，他担任美国最高法院舒瓦特大法官（Justice Potter Stewart）的法律助理。1971—1976年，他担任哈佛大学法学院副教授。1976—1996年，他成为哈佛大学法学院教授。

肯尼迪教授在书房

1996年，他成为一般法理学卡特教席教授。在哈佛担任教授期间，他兼任过新英格兰法学院访问教授（1984—1995），卡多佐法学院"法律与批判传统"暑期学院"新社会调查学院"讲师（1986），巴黎第一大学访问教授（1998），苏佛尔克大学法学院（Suffolk University School of Law）高级访问教授（2002年春）。

肯尼迪教授讲授过侵权法、财产法、信托法、法律诉讼、美国法律思想、房地产法律与政策、私法理论、法律与发展，以及法律全球化等课程。重要的学术作品包括《司法审判的批判》

(*A Critique of Adjudication* [*fin de siècle*], Harvard University Press, 1997), 《性虐，性装扮和性支配》(*Sexual Abuse, Sexy Dressing and the Eroticization of Domination*, 26 New England L. Rev. 1309, [1992]), 《作为等级制培训的法律教育》(*Legal Education as Training for Hierarchy*, in D. Kairys, ed. The Politics of Law [1982, 2nd ed. 1990, 3d ed. 1998]), 《私法审判中的形式与实质》(*Form & Substance in Private Law Adjudication*, 89 Harv. L. Rev. 1685[1976])。[①] 其他的论文还有：《法学院是如何失败的：一次批判》(*How the Law School Fails: A Polemic*, 1 *Yale Review of Law and Social Action* 71[1970]), 《法律形式主义》(*Legal Formality*, 2 Journal of Legal Studies 351[1973]), 《<布莱克斯通释义>的结构》(*The Structure of Blackstone's Commentaries*, 28 Buffalo Law Review 205[1979]), 《作为政治行动的第一年法律教育》(*First Year Law Teaching as Political Action*, 1 Law and Social Problems 47[1980]), 《权利问题的成本效益分析：一种批判》(*Cost–Benefit Analysis of Entitlement Problems: A Critique*, 33 Stanford Law Review 387[1981]) 等等。

　　肯尼迪教授以其鲜明的个性，批判和怀疑的精神，向权威挑战的斗志扬名于美国法学界。他以精神领袖的角色统率着美国批判法学，有时被称为美国批判法学的"教皇"。"左派法学家"、"粉色法学家"、"法学家中的牛仔"、"存在主义的马克思主义者"都是他的标签。他的与众不同甚至表现在他的装扮和行为举止上，1996 年，哈佛大学法学院公布并张榜了新聘任教授的名单和照片。在张榜的照片上，男性教授们一身的正规法律人装扮：西装加领带，照片背景或者是办公室，或者是图书馆，或者是教室，或者是法庭，唯一的女性教授穿着宴会服，显得既庄重又亲切。而刚被任命为一般法理学卡特教席的肯尼迪教授则标新立异，他的照片背景为深黑色，他蓄着大胡须，秃

---

① 此处资料来源于肯尼迪教授的主页，http//：duncankennedy. net/.

顶,戴着大号的墨镜,身穿黑色皮夹克,里面是白色的 T 恤衫。照片中的肯尼迪教授随意地斜靠在教室里的椅子上,椅子的可视部分恰好形成一个∏符号①。

评论者②说,此图片凸显了肯尼迪教授的特立独行,隐喻着哈佛法学院的一个叛离者和一个边缘人。他的行为表象既挑战了哈佛法学院公告牌所隐藏的符号规范,又戏谑了他所荣获的标志着他得到提升的教授席位。他的"酷毙"扮像宣告着他是一个都市战斗者,印证着他对任何制度所采取的一种"知识游击队员"的态度和自诩为"极端左派的符咒"的身份认同。如同肯尼迪教授的思想一样,他的照片充斥着尖锐的矛盾:首先,他的专业是一般法理学,这是一个模糊的名称,它表示着一种特异性学科,一种同义反复,一种矛盾修饰法。照片中所隐藏的朦胧眼神,暗示着他象征着一个希腊命运之神,陪审员召集令的微调者,一种特殊的正义,一个天命的叙事者。其次,这个教师看上去就是一个学生。他长得老态却装扮得年轻,正如同他所曾经领导的如今却"濒临死亡"的批判法学一样,他想重新发起新的一轮法学左派运动。最后,这个知识游击队员、怪异的极端主义者和激进的左派人士一直把他的时间奉献给保存已经衰落的批判法学的遗迹,他说要试图表明批判法学的思想并未消失。拿肯尼迪自己的话说,"我们不得不坚持矛盾的每个方面,我们必须与矛盾共存,我们要在制度的两个层面做游戏"。③

肯尼迪教授一直感觉良好,也自诩为政治的精英。一次在华盛顿特区召开的批判法学网络会议上,他说他属于政治的精

---

① See Julia Collins, Harv. L. Bull. , Fall 1996, at 24, 24.

② See Peter Goodrich ,"The Personal And The Political: Duncan Kennedy As I Imagine Him: The Man, The Work, His Scholarship, And The Polity",22 Cardozo L. Rev. 971

③ See Duncan Kennedy, "A Critique of Adjudication: Fin de Siecle",Harvard University Press, 1997

英分子。他说,在耶鲁的鸡尾酒会上他就曾经与希拉里·克林顿有过接触,他也曾经会晤过克林顿总统和老布什总统。他说他曾经帮助创立了批判法学运动,不幸的是,当女性主义法学和种族批判法学开始登上法学战场之后,就再没有人想要倾听他曾经说过的话。①

2007 年,批判法学的部分成员在哈佛法学院召开了一次研讨会,展望了批判法学的新发展。在这次会议上,肯尼迪教授谈到了自己的几件"左派逸事",其一是他参加了反伊拉克战争的游行,其二是哈佛左派在驱逐哈佛校长中左派的"贡献"。

2003 年 3 月,波士顿爆发了反伊拉克战争的游行,有 15 万示威,5 万人上了街,肯尼迪教授携妻女参与了这场游行。他认为他的这次游行不同于 20 世纪六七十年代的反战游行,因为这次游行更像一次家庭的活动:50 多岁的夫妇带着已婚的女儿。大家很开心,相互打着招呼并相互拥抱,彼此寒暄"我已经 10 年没有见到你了。这是你的儿子吗? 他长这么大了?"有人问肯尼迪:"在如此长的衰退期里,你们左派如何在复制自己啊?"肯尼迪幽默地答道:"通过性交和收养。"看到游行的气势,肯尼迪教授联想起十月革命。游行队伍打着红色的旗帜,高呼"士兵们,倒向你们的枪口"口号,肯尼迪想起了俄国革命时期工人阶级对沙皇军队所发出的口号,他称他们是当年的托洛茨基分子。当记者的话筒碰巧指向肯尼迪的时候,他心里发出这样的呼声:"哈佛教授谴责这场战争。"

肯尼迪教授说,虽然现代左派不再称自己是托派,而是打着激进环境保护主义、人权主义和女性主义的旗号,但是他们仍然保持着左派的托洛茨基分子精神。这些左派在美国当下政治状况下成为边缘人群,不过,他们并非不关痛痒,而是有着制度化的基础。制度化的程度在每个国家各不相同,但是即使

① See Peter Goodrich, "The Personal And The Political: Duncan Kennedy As I Imagine Him: The Man, The Work, His Scholarship, And The Polity"

在美国这个左派势力弱小的国家,他们也是一个社会制度的一个组成部分。虽然处于无形,这股力量却依旧存在。①

　　2006 年,哈佛大学校长在哈佛教员的反对声和新闻炒作中离任,有公开的说法是"强硬的左派"起了关键性的作用②。肯尼迪教授虽然并非完全赞同这样的说法,但是他也说,反对校长的发起者们的确是哈佛人文社会科学院系的"自由主义左派"教员们。如果没有这些"强硬的左派",校长的离任就不会发生。右派们说,左派教员在美国大学里组织起来了,但是肯尼迪认为这种说法是错误的,因为哈佛的右派们一直在清洗左派。为了达到这个目的,右派们极力夸大左派的力量,给可怜的自由主义左派加上"拉帮结派"的恶名。③

第二节　肯尼迪与哈佛法学院

　　批判法学发端于威斯康星大学,而思想的阵地则在 20 世纪 70 至 80 年代的耶鲁大学和哈佛大学。当耶鲁法学院上个世纪末将左派教授排除出耶鲁之后,肯尼迪等人却在哈佛保持着教授的席位。哈佛法学院不平静,1990 年,美国《时代》周刊专门发文《泰坦尼克号的冲撞》,描述了被比喻为"泰坦尼克号"的哈佛法学院内部的思想冲突,其中有一部分专门描述和评论了肯尼迪教授。

　　哈佛大学法学院在美国社会中扮演着重要的角色,1990 年,有 10 位参议员毕业于哈佛法学院,有 3 位来自法学院的毕业生在内阁供职,最高法院的大法官有 4 位出自哈佛法学院。美国法学界存在着一股左派力量,它在 20 世纪 80 年代获得了

---

　　①　See Duncan Kennedy, "Teaching From The Left In My Anecdotage", 31 N. Y. U. Rev. L. & Soc. Change 449(2007).

　　②　See Alan Dershowitz, "Coup Against Summers a Dubious Victory for the Politically Correct", Boston Globe, Feb. 22, 2006, at A15.

　　③　See Duncan Kennedy, "Teaching From The Left In My Anecdotage".

它特殊的名声，这就是批判法学运动（Critical Legal Studies）。哈佛大学法学院有 3 位教授属于这个激进的法律学者团体，而肯尼迪就是这场运动的奠基人之一。肯尼迪把批判法学成员描述为"一帮 60 年代残余"，向往 15 年前狂飙事件的"乌合之众"。

在 20 世纪 80 年代早期的一次学术论坛上，后来担任哈佛法学院院长的克拉克（Bob Clark）提交了一篇题为《兰德尔归来》（"The Return of Lang dell"）的论文，倡议要坚持兰德尔院长在内

哈佛大学校园

战后所设计的"学说或案例教学法"，因为这种教学法试图将法律建立在准科学的立场上。1985 年，联邦党人社团（Federalist Society）在纽约的哈佛俱乐部发起了一次盛会。46 岁的克拉克在会议上把批判法学的"嬉皮士"成员们比喻成"野蛮的匈奴人"，谴责他们对西方世界的重要制度和实践采取了一种抗拒态度。克拉克的言行激怒了肯尼迪，肯尼迪会上作了"滔滔不绝的、讽刺的、恶作剧的、挖苦的和胡搅蛮缠的"的发言。从那个时候开始，肯尼迪就有这样的形象：满嘴的脏话，黑色的牛仔裤，不打领带的 T 恤，旧灯芯绒夹克，脸上的皱纹和灰白的胡须。

批判法学运动可以追溯到 20 世纪 70 年代，肯尼迪连同哈佛另外两位教授霍维茨（Morton Horwitz）和昂格尔（Roberto Unger），外加一些精神同道中人，在威斯康星大学法学院发难，攻击美国法学院所教授的法律方式，称"我们所讲授的法律实际上是空洞无物"。他们称，"法律并非刻在石头上，而是具有高度的弹性。它不是客观专门技术的自治战场"。"从来都不存在一种'正确的法律答案'，只存在着解决法律问题的伦理和政

治方案"。而他们"政治的、伦理的和法律的"正确答案则是一种激进的社会变革。1982年,肯尼迪发表了一本红色封面的小册子,名为《法律教育和等级制的复制:一个反制度的辩论》(*Legal Education and the Reproduction of Hierarchy: A Polemic Against the System.*)。在前言中,他鼓励读者去"抵抗!"他警告说,"不管你身在何处,等级制度都在残害你。无论何时何地,比如在中上层阶级的晚宴上,在银行的派对上,在法学院的教室里,在全体教员会议上,在集会的队伍中,在福利机构的办公室里,抵抗不仅是可能的,而且是有意义的"。

为了把法学院变成"反霸权的阵地",肯尼迪建议采取这样的措施:接纳通过基本技能测试的学生,以及要么让每个教授成为终身教授,要么彻底废除终身教授的制度。法律等级制的意识形态不过是美国社会一般精英阶级意识形态的特别应用。哈佛大学以其"精英阶级意识形态"著称,因此采取了一种攻击性的态势。

高举肯尼迪红宝书的学生们并没有发起一场文化革命,但是批判法学的确提出了这样的重要问题:法律的政治性质。这就产生了足够的同情心和厌恶心,法律教员出现了两极分化,终身教授的评定越来越遭人怨恨。1981—1989年度的法学院院长沃伦贝格(James Vorenberg)左右为难。最后,当时的哈佛校长波克(Derek Bok)出面干预,首先,改变法学院终身教授聘任决定,授予批判法学阵营内的两个教授终身职务;其次,任命保守的克拉克为法学院院长。①

---

① See Ken Emerson, "When Legal Titans Clash", The New York Times April 22, 1990, Sunday.

第三节　肯尼迪的著作和理论倾向

　　1990 年,是批判法学的一个分界线,在此之前,批判法学在美国法学中处于兴旺时期,此后,批判法学走向衰落。批判法学随着西方国家20 世纪60 年代以来的社会运动产生和兴盛,随着冷战的结束而没落。前苏联的解体、柏林墙的拆除、89 年的风波,或多或少地都与批判法学的衰落相关。批判法学关注法律与政治的关系,同时受到世界政治的变换和沉浮的影响。与此相关联,我们也可以把肯尼迪的著作以 1990 年为界分为前后两期。前期的作品表现出了批判法学精锐时期的强硬批判,后期作品表现出批判法学疲软时期的哀怨批判。

　　肯尼迪对美国法律的批判,起源于他对美国法学教育的批判。1970 年,在还是耶鲁法学院学生的时候,肯尼迪就写作并发表了他的《法学院是如何失败的：一次批判》。在这篇略显稚嫩的处女作中,他感情化地揭示出美国法学院所存在的内在矛盾：法学教授的自负与法学生的敏感；法律理性的冷酷与法律人理想的热望；判例法教学所表现出来的法律客观与法律内在目的应有的法律意识形态。文章较多的是对法学院教授与学生关系的细节"客观"解剖,但是从其字里行间,我们可以看出肯尼迪对美国法学院教育的不满,一个"杰出学生"对美国法律的一种无奈。① 在 1980 年的《作为政治行动的第一年法律教育》和1982 年的《作为等级制培训的法律教育》之中,肯尼迪深入地揭示了美国法律教育的政治功能,提出了他的批判法学的一个核心命题,那就是：美国的法学教育实际上是政治等级制的一种再生产。政治现象无处不在,等级制同样无处不在,法学院也是一个政治的战场。教师与学生的知识、见识和学识是不平等的,苏格拉底式的答问式讨论只能够是强者对弱者的欺

----

　　① 参见本书第 3 章。

凌和洗脑，一年级的核心课程诸如合同法、侵权法和刑法等都体现了近代资产阶级的意识形态。法律的学习意味着学生的"直觉和情感"被"理性和规则"所取代，一个"成功"的法学院学生便是脱离了社会意识的直觉进入了社会等级制度。当他走向社会的时候，又将法律制度所建立的等级制度强加给了社会。2007年，肯尼迪试图再次刮起"左派"旋风的时候，他的口号是要在法学院教育中超越规则和判例的学习，要从法律和社会与政治的关系中贯彻一种"政治的动力学"。①

　　批判法学衰落后，作为后批判法学的女性主义法学和种族批判法学继承了这样的思维模式，法律是社会强者对社会弱者的一种压迫。进一步地说，法律是男人对女人的性别压迫，是白人对有色人种特别是对黑人的政治压迫，是殖民者对土著人的压迫。而且，这种新的批判法学不仅仅局限在美国，他们同样存在于其他西方国家：在美国，它被称为 CLS（Critical Legal Studies）；在英国，它被称之为 CLC（the Critical Legal Conference）或 Brit Crit；在澳洲，它被称为 Oz Crit（Australian Critical Legal Studies）。②

　　在1973年的《法律形式主义》一文中，肯尼迪把批判的矛头指向了法律形式主义。如果我们把霍姆斯的法律实用主义及卢埃林的法律现实主义当做美国本土法学的起点，那么法律形式主义便是美国早期法学的代名词。这种法学的方法论源自欧洲，既有奥斯丁分析法学的影子，也有德国潘德克顿学派的影子。不过，肯尼迪追溯得更远，他从欧洲17—18世纪的社会契约论展开讨论法律形式主义。法律的形式与法律的实质是方法论上的一个基本分类，韦伯以此为标准区分过现代德国法和英国法。肯尼迪延续了这个思路，他的主题思想当然也反

---

①　See Duncan Kennedy, "Teaching From The Left In My Anecdotage".

②　See Adam Gearey, "Constitutional Law: Anxiety And Affirmation: Critical Legal Studies And The Critical " Tradition(S)" 31 N. Y. U. Rev. L. & Soc. Change 585 (2007)

对法律形式主义。法律形式主义是理论上的一种理想,一个现代的国家主张民主,而法律则应该是体现民意的立法机关所制定出来的客观规则。规则就是一种形式,它是明确的、肯定的和可预测的,它排除了个人的主观任性,法治就是规则的统治。一个法官应该严格依照立法机关的规则适用法律,他不能够以自己的想法去创造法律。一个判例的结论,应该严格符合一种逻辑的推理模式。肯尼迪认为,这种法律的形式主义存在着本身不可克服的矛盾。真实的世界永远处于变化之中,既定的法律规则永远不能够与社会的变化同步改进。当一个矛盾纠纷出现之后,一般性的规则相对于特殊的场景而言,同样充满了不确定性,规则不能够提供法律问题唯一正确的答案。当他们希望通过立法机关提出详细解决争端的新方案的时候,议员的个人私利未免掺杂其中,我们并不能够指望得到一个全能全知毫无缺陷的法律规则体系。① 以肯尼迪批判法学的眼光来看,法律形式主义最大的问题在于:形式主义掩盖了法律的政治因素和统治阶级的意识形态。法律形式主义把法律视为中立和肯定的,而在批判法学看来,法律永远都是有偏见的和不确定的,法律永远不存在唯一的答案,法律不能够成为自治,它只能够在其他的社会现象,特别是政治现象中得到解释。

　　应该说,美国的法学是在批判法律形式主义过程中发展起来的,每个时期和每个学者都从不同角度批判了法律形式主义。霍姆斯反对形式主义的"逻辑",鼓吹法律中的"经验";卢组林反对形式主义"书本上的法律",鼓吹"行动中的法律";庞德反对形式主义的"稳定",鼓吹法律服务于"社会利益";富勒反对"恶法亦法",鼓吹"法律的道德性";德沃金反对"法律规则说"鼓吹"法律的原则"。② 肯尼迪与他们的不同仅仅在于,

----

　　① 参见本书第 4 章。
　　② 参见霍姆斯《普通法》,卢维林《普通法传统》,庞德《法理学》,富勒《法律的道德性》,德沃金《认真对待权利》和《法律帝国》等。

他反对法律形式主义表面上的"中立性",而是试图揭示出法律之中的政治性和意识形态特性。

充分显示肯尼迪学术功底的论文,应该是他1976年完成的《私法审判中的形式与实质》。有两点值得我们去玩味,第一,论文发表于1976年,这一年他在哈佛由副教授晋升为教授;第二,1997年他出版了大部头《司法审判的批判》,两本书用了几乎相同的关键词,而且在这一年,他晋升为卡特席位教授。《私法审判中的形式与实质》的思维方式同样是韦伯式的:区分不同的类型模式分解人类的思维路径。在一定程度上,肯尼迪也表现出了西方人所特有的"分类癖"①:分类、分类、再分类。每一次二元对立的区分,都进一步地深入到研究对象的内在结构和层次,给读者细致地展现现象的更小结构。论文的前一部分,肯尼迪讨论了"形式",他从三个维度区分了形式。其一,"形式"与"标准"。法官在处理一个法律具体问题的时候,都会碰到这样的选择:是采用一个硬性的和客观的规则,还是采用一个弹性的和主观的标准?规则排除了个人主观性,坚持了西方的法治理念,同时又将法律问题简单化了,用单一硬性的规则裁剪社会生活,这本身就会发生冲突。比如,如果我们把缔约年龄定为21岁,那么不到21岁却具备成年人能力的人就被剥夺了订立合同的权利。其二,"一般性"与"特殊性"。规则越是一般,它所适用的范围就越广,同时越发漠视了事物的具体特征。其三,"可供当事人选择的程式"与"阻却自由选择的规则"。前者适用于私法,后者适用于刑法。肯尼迪在论文中,并没有作出孰优孰劣的价值判断,而是细致分析各种情形之下各自不同的特点。或者说,肯尼迪的任务不是想提出什么样的理论主题和口号,而是分析人们如何在思考问题。论文的后一部分,肯尼迪讨论了"实质",简单的区分就是在法官的

---

① 亚里士多德、边沁、庞德都有这种癖好,可参见亚里士多德的《政治学》,边沁的《道德与立法原理导论》和庞德的《通过法律的社会控制》、《法律的任务》。

审判活动中，他贯彻的是"利己主义"还是"利他主义"。从历史的角度看，肯尼迪认为美国司法审判活动的发展可以分为三个阶段，每个阶段体现了不同的法律实质内涵。美国内战之前，"利他主义"与"宗教道德"占统治地位，从内战到1900年，"利己主义"与"个人主义"占统治地位，从1900年到文章那个时代，"利己主义"与"利他主义"出现了混合，难以明确区分。识别"利己主义"与"利他主义"，又可以从三组范畴中进行斟酌："自治与共同体"、"便利与规制"和"自决与家长制"。三组矛盾的前者体现了个人主义和利己主义，后者体现了社群主义和利他主义。[1] 法官在任何一个判决中，都必须进行相应的矛盾选择以解决自己面临的法律困境。

论文前一部分所讨论的理论问题，其实我们并不陌生。哈特和德沃金"规则与原则"的论战，其实就是肯尼迪"规则与标准"的理论阐释。德沃金在《法律帝国》中滔滔不绝的陈词滥调，肯尼迪都已经说过了：规则与原则和标准的区分，相同与相异之处，优点和缺点。不同的只是在于，其一，德沃金用的是"原则"，肯尼迪用的是"标准"；其二，哈特与德沃金都有自己理论目的的单一性，都有法律实践中目标的追求，而肯尼迪不是想提出自己的理论倾向，而是更像韦伯式的研究，展现"价值中立"的思维内在结构。其三，德沃金探讨的是法律具体问题，肯尼迪则是"宏大叙事"。肯尼迪"可供当事人选择的程式"与"阻却自由选择的规则"的分类，我们也可以发现哈特禁止性的"第一性规则"与授予权利的"第二性规则"的分类。[2] 不过，论文后一部分探讨的理论问题，则是肯尼迪自己的独创，从法律实践中发现法律所蕴涵的政治意义。或者说，揭示出"中立"法律中的"政治含义"，乃是肯尼迪的得意之所在。这凸显了作为法律政治学派的代表肯尼迪的过人之处。

---

[1]　参见本书第5章。
[2]　参见哈特《法律的概念》。

1981 年的《权利问题的成本效益分析：一种批判》，是一篇被人们所忽视的论文。人们忘记了肯尼迪在哈佛所受的本科教育就是经济学，在这篇文章中，肯尼迪批判了法律经济学。文章发表于 1981 年，在这个时候，法律与经济学理论正处于它的上升时期，卡拉布雷西正在担任耶鲁法学院的院长。如果我们按照科斯对法律与经济学之"法律制度与经济效果关系"与"法律活动的经济学分析"二分法①，肯尼迪所批判的法律经济学实际上是前一种类型的法律经济学，也就是科斯和卡拉布雷西所宣扬的法律与经济学运动：强调法律的制度设计与资源配置和经济效率之间的有机关系。

我们通常所熟悉和引用的文献，都是法律经济学内部学术的争论，更多的是法律道德学派对法律经济学的质疑，而肯尼迪则从政治学的角度揭示了法律经济学的理论瑕疵。② 在肯尼迪看来，法律经济学的"外在成本"和"财富最大化"计算都充满了模糊，并不具有经济学家们所声称的"肯定性"。更重要的是，法律经济学只探讨了法律双方当事人之间的成本与收益的比例以及相关的社会财富增长，而没有顾及双方法律行为对第三人经济上的影响，比如，张三把自己卖给李四当做奴仆，经济学只探讨张三与李四之间的成本与收益，而不讨论奴役制度对人道主义者王五带来的心理创伤。更严重的是，法律经济学也没有考虑法律双方当事人权利背后的"背景权利"，比如，心理的、非物质性和政治性的影响。张三在沙漠中拥有最后一杯水，无论李四如何出价，无论这杯水的价值在李四手中的价值大于在张三手中的价值，我们都不能够说李四占有张三的这杯

---

① See Douglas G. Baird，"The Future Of Law And Economics：Looking Forward：Introduction"，64 U. Chi. L. Rev. 1138（1997）.

② 参见本书第 6 章。

水增加了社会的总体财富。① 在肯尼迪看来，法律经济学的问题，是把复杂的法律问题简单化了，而且忽视了法律活动中的政治因素和意识形态因素。

肯尼迪的后期作品，主要体现在他 1997 年发表的巨著《司法审判的批判》中。从时间上看，这是他担任一般法理学卡特教席教授后的力作。哈佛大学出版社誉之为可以与哈特的《法律的概念》和德沃金的《法律帝国》相媲美，是"当下最卓越和最有影响力的法律理论之一"。该著作发表后，美国的法律评论陆续发表了相关的评论文章。在这些评论的文章中，好坏评论参半。

从批判性的评论方面看，古德里奇教授从"人格、著作和政治倾向"多方面对肯尼迪教授提出批判意见。他认为哈佛大学出版社夸大了该书的学术价值，在他看来，肯尼迪的这部著作并无新意，只不过是他以前思想的另外一个翻版。他否定肯尼迪的思想与欧洲结构主义和解构主义的内在联系，也反对将英国和澳洲乃至美国的女性主义法学和种族批判法学当做是批判法学的延续。因为个人学术的恩怨关系，古德里奇教授似乎对肯尼迪的人身进行了攻击。他说："络腮胡、皮夹克、墨镜——游击队员的服饰和战斗的语言——清楚地表明他是这样的一个人：在某种程度上讲，他不认可任何的规范"，"无论用学术的术语还是用政治的术语，他的批判理论只是处于主流的边缘，但是也具有讽刺意味地处于边缘之外"②。

从中立性的评论方面看，罗德马尔教授认为肯尼迪的这部著作表现出了敏锐的洞察力，但同时也会激怒他人。首先，他

---

① 其实，卡拉布雷西谈到了这个问题，他称为"不可转让之权利"。参见 Guido Calabresi and Douglas Melamed, "Property Rules, Liability Rules, and Inalienability: One View of the Cathedral", 85 Harvard Law Review 1089 (1972)。只是卡拉布雷西对此问题没有作出详细地分析。

② See Peter Goodrich, "The Personal And The Political:? Duncan Kennedy As I Imagine Him: The Man, The Work, His Scholarship, And The Polity"

拒绝尊重法律学术的严肃性，他是个坚决的反不朽论者。当他讨论某些重要的法律问题的时候，他却证明"冒似合理"的理论总是伴随着冲突着的论辩。其次，肯尼迪是一个坚决的基本结构论者(infrastructural)。他反对法律理论可以对法律现象提供全面合理的解释。主流的法律理论强调"穷尽和归类"和"建设"，肯尼迪却强调"挖掘和渗透"和"破坏"。肯尼迪有时声称自己是个结构主义者，但他却采取一种特别的结构主义：无根基的，漂浮的和无基础的结构主义。再次，肯尼迪对物化抱有绝对的恐惧，特别是对自己思想的物化。"阅读他的书，不可避免地有这样的感觉：他宁可喜欢运动而不喜欢停滞，喜欢动词而不喜欢名词，喜欢萨特而不喜欢列维·斯特劳斯，喜欢战斗而不喜欢理论，喜欢矛盾而不喜欢连贯，最典型地，喜欢政治而不喜欢法律。"在这里，政治有多种含义，他们同时可以是价值选择、权力、意识形态、利益集团的争斗和权力与知识，以及阶级斗争。①

最后要说明的一点是，在2007—2008年度北京大学法学院法律史研究生讨论课上，我带着5个硕士生集中讨论了肯尼迪的批判法学。法律思想史的课程让我们对历史满怀留恋和眷恋，每个学生选定一篇肯尼迪的论文原文，阅读、理解、表达和陈述自己对肯尼迪的理解。这便是本书的主体部分，因为资料和时间限制，我们遗憾地滤掉了他的《＜布莱克斯通释义＞的结构》和《作为等级制培训的法律教育》。如同读者看到的，我们介绍了他的《法学院的教育是如何失败的：一种批判》(岳林执笔)，《法律形式主义》(李伟执笔)，《私法审判中的形式与实质》(田野执笔)和《权利问题的成本效益分析：一种批判》(李小伟执笔)。为了使读者对批判法学的思想发展有一个全面的认识，我们挑选并介绍了美国批判法学的背景和图什内特

---

① See Daria Roithmayr, "Symposium Critical Legal Politics: Left Vs. Mpm:? Politics And Denial", 22 Cardozo L. Rev. 1135(2001).

的《批判法学研究运动的政治史》（刘松执笔）。为了使读者能够更全面地了解肯尼迪，我写作了本书导言（徐爱国执笔）。通过本书的阅读，我希望读者可以大体上把握肯尼迪的批判法学理论以及他研究的一般思路。

第一章　肯尼迪学术思想的历史背景

无论是"时势造英雄"抑或"英雄造时势",对于肯尼迪学术思想的理解都必须首先了解肯尼迪所处的时代背景,或者更准确地说,这里的背景主要是指肯尼迪学术思想所赖以发端并成长的学术土壤,因而主要是一种学术背景,当然对于特定外部社会大环境的介绍也是必不可少的。

第一节　美国法律思想史简介

一、美国传统的自由主义法学

所谓自由主义法学,有不同的界定。

德沃金在《认真对待权利》一书的导言部分,开宗明义:"本书各章对法律的自由主义理论进行界定并为之辩护。它们也尖锐地批判了另外一种理论,这一理论曾被广泛地视为自由主义理论。由于它具有广泛的影响,我将把它称为主导的法律理论。"[1]按照德沃金的理解,自由主义法学在主流话语系统中的含义包括两个部分,第一部分是关于法律是什么的理论,是一种

德沃金教授

---

① 罗纳德·德沃金著,信春鹰、吴玉章译:《认真对待权利》,中国大百科全书出版社1998年版,导论部分第1页。

法律实证主义的理论。这种理论认为,法律的真理性就在于这些规则是由特定的社会机构所制定的这一事实,而不是任何别的东西。第二部分是关于法律应当是什么以及人们所熟悉的法律机构应当如何行事的理论,这一理论认为法律和法律机构应当服务于一般福利,是一种功利主义的理论。德沃金认为主流语境中的自由主义法学理论的两个部分均来源于边沁的哲学。如同德沃金所宣称的那样,他要为美国传统的自由主义法学理论正名,通观全书,不难发现,德沃金所理解的自由主义法学传统至少包括分析实证主义法学传统、功利主义法学传统和自然法传统。按照菲尔德曼的理解,自然法思想属于前现代的美国法律思想①,换句话说,在德沃金看来主流话语系统中的自由主义法律思想是断裂的,应该以自然法和自然权利的思想加以补充。德沃金对于自由主义法律传统的界定在美国法学界是颇有影响的。而批判法学研究运动无疑走得更远,部分的是出于彰显自身定位的需要,批判法学研究运动采取反面排除的策略对自由主义法学进行界定,亦即,在美国此前以及同时期的法学思想中凡是不属于马克思主义法学的其他流派,包括为批判法学研究运动提供最初灵感的法律现实主义和法律社会学派以及其时流行的德沃金、哈特和波斯纳等人的理论,一概划入自由主义法学阵营。因为在批判法学研究运动看来,尽管上述诸流派之间有所差异,但差异是表层的,经由更深入地挖掘会发现,上述各流派都是在充当当代资本主义制度的卫道士和辩护人,都为资本主义制度服务,因而需要全盘攻击。批判法学者们的这一界定,大大拓展了自由主义法学的外延。

二、美国法律现实主义

　　为了理解批判法学研究运动,这里特别值得一提的是美国

---

① 斯蒂芬·M.菲尔德曼著,李国庆译:《从前现代主义到后现代主义的美国法律思想———一次思想航行》,中国政法大学出版社2005年版,第85页。

的法律现实主义,20 世纪初,自由放任主义是美国的主流信条。按照劳埃德的理解,当时在思想领域,自由放任的信条与一种哲学社会科学领域中的"形式主义"密切相关。由于对逻辑与数学的推崇,认为法学是一种先验之理,与实际生活事实的关联微乎其微。① 但由于经验科学和技术逐渐主宰了美国社会,学者们逐渐开始将哲学、社会科学甚至逻辑本身当做经验研究。反映在法学研究领域,亦即在 20 世纪 30 年代的美国法学界出现了一种崭新的法律理论——法律现实主义。法律现实主义以霍姆斯、弗兰克和卢埃林等人为代表,对传统的法学和法律制度的形式主义提出了挑战,使得法学的品格在某种程度上发生了巨大转变。国内有学者认为,法律现实主义是社会法学派的一种特殊形态,与其他社会法学形态相比较,美国的法律现实主义有以下特征:首先,法律现实主义充分利用了实证主义,因为它反对形而上的思辨,只考虑实际的法。改革法律制度是美国法律现实主义者的宗旨,而要改革就不能停留于抽象层面的思辨,必须理解现实生活中的法。其次,法律现实主义是法学与社会学的一种交叉研究。它注重法与其他社会现象的联系,以及关注社会诸因素是如何影响法以及法又是如何影响社会的。强调"法律的生命不是逻辑,而在于经验"。最后它充分运用了心理学的研究方法。因为认定法律就是对法院判决所作出的预测,所以就要研究法院判决背后起作用的因素。而法律现实主义者通过研究断言:各种因素都要通过法官的个性起作用,因而要通过行为心理学的研究来解释法官的个性从而揭示判决的背后动机及其形成过程。②

　　霍姆斯之后,弗兰克和卢埃林沿着霍姆斯开创的道路继续前进。经由研究,法律现实主义者发现,法律其实原本就是不

----

　　① 丹尼斯·劳埃德著,M. D. A. 弗里曼修订,许章润译:《法理学》,法律出版社 2007 年版,第 312 页。

　　② 张文显著:《二十世纪西方法哲学思潮研究》,法律出版社 2006 年版,第 114 页。

确定的,至于不确定的原因则见解歧异。以卢埃林为代表的规则怀疑论者认为,法院判决亦即法律的不确定性在于"纸上的法律规则"不确定,他们力图在本本上的法律规则背后寻找某些指导实际司法行为的"真实规则",而这些"真实规则",在他们看来无疑有助于更好预测法院的判决。而以弗兰克为代表的事实怀疑论者主要兴趣在于研究初审法院的判决,他们认为,不管规则如何清晰和具有确定的指导性,法院的判决亦即法律仍然难以确定,因为在法律推理的三段论形式逻辑中,作为小前提的案件事实总是由于证据上的原因以及其他诸因素而具有不确定性。例如:"作伪证者、受人指使的证人、有偏见的证人、在陈述所举证的事实时发生误解的证人或回忆其观察时发生误解的证人;有证人失踪或死亡、物证灭失或被毁损的情形;有为非作歹和愚蠢的律师、带偏见的和心不在焉的陪审官,也有愚蠢、'固执'或对证词有偏见或漫不经心的初审法官。"①弗兰克同时认为,在上述所有因素中,最为根本的是法官那种无法推知的独特个性,而正是这种个性使得任何提出相互冲突证据的诉讼变成一种高度主观和不确定的事情。弗兰克同时给出了自己对于法律之不确定性的评价,这种评价可以区分为两个层面。首先在事实层面,他认为,法律的诸多不确定性是固有的,而非有意神秘化的结果。就其本质而言,法律不可能是确定的。其次是在价值层面上,弗兰克认为,人们无须为法律这种不确定性哀叹,相反,他认为这种不确定性中隐含着巨大的社会价值。弗兰克指出,人们对于法律确定性的追寻类似与对于"父亲偶像"(Father-figure)的依赖。弗兰克依据弗洛伊德对于儿童以及成年人心理的分析发现,人们对于法律确定性的寻求,类似于人成年之后,由于脱离了童年时代对父

---

① See Frank,"Modern and Ancient Legal Pragmatism",25 Note Dame Lawyer207,at254(1950). 转引自 E. 博登海默著,邓正来译:《法理学:法律哲学与法律方法》,中国政法大学出版社 2004 年版,第 166~167 页。

亲的依赖而无所适从的结果。而法律,弗兰克指出,如同它借以表现的法官一样扮演了一种父亲角色。这其中又包含了另一层次的迷信,亦即"法官永不制定法"的神话。这两个神话的存在,表露了人类精神上的幼稚,现实主义法学家的重任就是将法律的确定性从此二神话中"除魅",这一"除魅"过程,是人类精神由幼稚走向成熟的必经之途,法律的现代精神借此得以展现。这种现代精神的展现,亦即弗兰克所言的法律不确定性的重大价值。尽管在今天的法学者看来,法律的不确定性或许还有其他种种必然性和重大价值,但无疑,弗兰克在此位点上作出了开创性的贡献。

三、批判法学研究运动

　　20 世纪 70 年代后期,作为美国法律思想史上另一重大拐点的批判法学研究运动横空出世。关于这一运动的社会背景及其思想渊源,下文将会专文论述。这里仅对该运动的基本特征作一简要介绍。

　　批判法学研究运动如同此前的法律现实主义一样,严格而言并不是一个学派。因为运动内部各位学者旨趣存在歧异,这样一个内部复杂的运动,只是因为有了共同的"敌人"——美国自由主义法律传统,和表面共同的目标——致力于建设一个更加平等合理的社会,以及某些研究理路上的相似性才得以被聚合起来。正如该运动的主将之一,批判法学研究运动大会筹委会成员之一——马克·图什内特所言:"发自内心地说,将批判法学研究作为一种运动或一种思潮来谈论难免使人感到多多少少的尴尬。因为我在阅读批判法学者的文章和有关批判法学的文章时我经常被搞得一头雾水。这些作者之所以激起我的这种感觉乃在于他们描述他们所认为的批判法学应该具备的形态,但这些描述又和我理解的并不十分兼容。每当遇到这些仅仅是描述的文章或类似的批判法学者的文章时,我就力图压制自己的上述感觉,我告诫自己这些批判者或陈述者并不懂得什么才是批判法学。但每当我遇到那些我自以为和自己在这方面是同道中人的学者的这类文字时,这种感受就无法抑制了。"①同时,图什内特承认,这一运动中的人们有一些共同的研究主题,这种主题,按大卫·楚贝克、邓肯·肯尼迪和图什内特等一批批判法学研究运动大会发起人的理解:"这些主题是用那些和威斯康辛大学法学院传统的对'法律与社会'的集中关注相兼容的路径来研究意识形态方面的问题,但用那些似乎和法律学者的更主流的方法相兼容的路径来集中关注法律学说(doctrine)。"②图什内特同时指出,这些主题之间见解存在歧异,最多只是存在家族相似性而已,出于一种智识上的诚实,各种版本的拥护者之间无疑会进行"内讧",即对其他版本的智识缺陷进行批判,但是,事实证明家族相似性的存在或许是批判法学研究运动最重要的特征维度。③

　　批判法学研究运动的另一个特征在于其浓烈的政治性。图什内特教授在《批判法学研究运动:政治史》一文中直言不讳:"批判法学研究运动更主要是一片政治疆域(a political location),而不是一种法学上的智识运动——尽管它也是。……批判法学研究运动的经历实际上就是法学界如何同时忍受但又包容一片激进的政治疆域的经历。"④图什内特继而指出:"更进一步,像所有的政治疆域一样,批判法学研究有一种内在的政治性……同时批判法学研究还有一种外在的政治性……批判法学研究的外在政治性包括它和批判法学研究的信徒们借以发现自我的背景之间的关系。"⑤换言之,在图什内特看来,批判法学研究作为一片政治疆域,其内在政治性在于批判法学研究

　　① See Mark Tushnet, "Critical Legal Studies: A Political History," 100 Yale Law Journal, 1515(1991).

　　② See Mark Tushnet, "Critical Legal Studies: A Political History," supra note.

　　③ See Mark Tushnet, "Critical Legal Studies: A Political History," supra note.

　　④ See Mark Tushnet, "Critical Legal Studies: A Political History," supra note.

　　⑤ See Mark Tushnet, "Critical Legal Studies: A Political History," supra note.

在自身内在的智识路径上具有的一种浓烈的左派激进政治气质。同时作为一种具有浓烈的左派激进政治气质的政治疆域，批判法学研究产生于独特的外部政治气候，同时批判法学研究运动及其成员在外在的政治背景之下为寻求认同而在学术圈内外进行着激烈的政治斗争。下文我们简要介绍一下批判法学研究的内在政治性，因为批判法学研究的外在政治性是与其广阔的时代背景紧密联系在一起的，下文会有相关专门介绍，此处从略。

批判法学研究的内在政治性，与批判法学研究运动的经典口号"法律就是政治"密切相关，批判法学研究运动中的一系列主题都可以看成是这一核心范畴的辐射。

首先是肯尼迪早期提出的"基本矛盾"这一范畴。肯尼迪认为，在人们的社会生活中到处存在着一种"基本矛盾"，亦即每个人的个人自由既依赖于他人和社会权力的合作与保障，同时又受到他人和社会权力的限制和威胁，亦即个人自由和他人自由以及社会权力存在着基本的矛盾。[1] 这种基本矛盾导致了一系列争讼的发生，而出于上述"基本矛盾"的存在，法官在审判案件中会有个人主义和利他主义两种选择。所谓个人主义，并不等于纯粹的利己主义，它是在认同明确区分个人利益和他人利益的前提之下，追求个人利益是合法的。至于利他主义，也并非一种大公无私，它是指个人不得过于沉溺于对自身利益的追求而忽略了他人的利益，个人利益在必要之时应该有所牺牲。个人主义属于自由主义的范畴，受反理性主义的影响，它相信所有的价值都是主体性的。利他主义则与集体主义密切关联，相信个人自由存在于秩序之中，个人所获得的自由是一种对于秩序之结果的分享。肯尼迪认为，美国内战之前，利

---

[1]　See Duncan Kennedy, "The Structure of Blackstone's Commentaries," 28 Buffalo Law Review 205 (1979).

他主义占主导地位,此后的古典时期,个人主义则获得了市场。① 而现代则充满矛盾,个人主义和利他主义之间的冲突十分明显,而法官所要做的就是根据政治风向来确定在审判中究竟采取哪种主义,因而,法律就是政治的幌子。

其次,批判法学研究中的另一主导范畴亦即法律的不确定性问题也与"法律就是政治"密切关联。法律的不确定性尽管早已由法律现实主义者提出并论述,但批判法学家们认为法律现实主义者们在这一点上认识的不够彻底,法律的不确定性表面上看来是因为法律现实主义者所分析的取决于事实的不确定性和规则的不确定性,但深层次里却是一种政治上的因素在作怪。法律推理并非如自由主义法学者所声称的那样,具有不同于立法或政治决定的特殊模式。法律推理中三段论的大、小前提都是法官根据政治斗争的趋势而精心取舍的。因而,法律推理的不确定性也是由政治所决定的。

再次,关于法律是否是一种普遍的、中立的社会规范,批判法学研究给出了否定的回答,这一点也和"法律就是政治"密切相关。传统的自由主义法学认为,美国是一个多元的社会,而法律体现的正是一种在我们今天看来类似罗尔斯意义上的"社会共识",因而从法律代表的价值面上来说,法律是普遍性的,与之相关,法律同时也就必然是中立性的。批判法学者依凭西方马克思主义尤其是葛兰西和法兰克福学派的理论认为,法代表的是统治阶级的意识形态,它把社会生活中占统治地位的观念以规范化或判例法的形式固定下来,把偶然的、充满不确定性的东西装扮成必然的,把有利于社会上层的东西打扮成中立的,对全社会具有普遍性的东西,因而法说到底还是政治的。

再次,关于法是否是适应社会需要的必然产物,许多批判

---

① See Duncan Kennedy, "Towards an Historical Understanding of Consciousness: the Case of Classical Legal Thought in America, (1850—1940)", Research in Law and Sociology, ed., by S. Spitzer, 3, 3, (1980).

法学家同样给出了否定的回答。针对传统自由主义法学所持有的"进化功能主义"认为的法律制度应该按照它们对社会需要的功能适应程度加以描述和解释,亦即首先确定社会发展的阶段类型,然后依据功能主义的进路来研究法律是否适应各个阶段的需要。罗伯特·戈登(Robert Gordon)于1984年在《斯坦福法律评论》上发表了一篇题为《批判的法律史》的论文,指出,法是不同的社会力量之间长期政治斗争的产物,而政治斗争本身充满了未知和不确定,因而法并非是适应社会需要的必然产物。[①] 批判法学者并非主张法律是源自社会偶然性的仅有的思想家,例如弗里德曼就曾经有过类似的主张,但是批判法学者们的新颖之处在于,在上述判断之后,他们又进一步力图揭示法律在使得现存秩序成为必然和合理方面所起到的作用。按照昂格尔的理解,法律话语是一种关注社会生活基本关系的商谈性话语,批判法学家们力图通过第二步的工作来颠覆既有的法律意识形态。

最后,批判法学研究对于权利的批判也和"法律就是政治"这一命题有关。在批判法学家们看来,权利的界定是一种带有浓厚政治色彩的安排,而法官通常是在利用这种权利安排来以一种骑墙的姿态迎合现行的政治等级体制。因此,法律权利并不能有效推动社会前进——朝向批判法学者所希求的那种理想社会。关于此判断,我们或许可以从霍维茨教授在《美国法的变迁:1870—1960》一书中的论述得到某种启示,按照霍维茨的理解,美国普通法在历史上经历了一种表面看来似乎是循环的变迁:形式主义——工具主义——形式主义。在1780—1820年间,美国法官对于法律的态度由此前时期的形式主义转变为一种工具主义,亦即开始将法律视为一种辅佐资本主义发展的工具,这样一种工具思维,导致了此前法律制度的重大变迁。而

[①] See Robert Gordon, "Critical Legal Histories", 36 Stanford Low Review 57 (1984).

此后在 19 世纪中叶，美国法律又绕回了形式主义，因为资产阶级作为既得利益者已经对改造后的法律制度比较满意，出于维护既得利益的需要，资产阶级需要将既得利益用法律制度固化，因而，他们又开始竭力赞同法律形式主义。实际上，不过是力图经由法律制度将不平等装扮成平等而已。① 其实，我们将思维放得更开阔一点就会发现，资产阶级革命胜利后，曾经服务于革命的自然法学派也随之衰落，代之而起的是相对保守的、便于资产阶级固化既得利益的——资产阶级政权——哲理法学、历史法学和分析法学。这两种现象的逻辑是相通的。

由是观之，批判法学研究的内部政治性在很大程度上都依附于"法律是政治的"这一命题。

第二节　批判法学研究运动产生的社会背景

批判法学研究运动这样一种独特的法律思想史上的现象，其发生有着深刻的社会背景。这种背景，如果放置于上述图什内特教授有关内部政治史和外政治史这种两元结构中来把握的话，应该属于外在政治史，但通览图什内特本人对于外在政治史的描述，这些社会背景应该属于比外在政治史又更加外围的"政治史"。因而，我们将其单设一节，对其作简要介绍。

这种社会背景，按照学术界通常的看法就是 20 世纪 50 年代、60 年代和 70 年代那段时期波澜壮阔的美国社会。在那个时期，美国历史上发生了一系列重大的事件。这些事件包括美国政治上的麦卡锡主义、沃伦时代美国联邦最高法院的奇异政治导向、黑人民权运动、黑豹党审判事件、约翰·F. 肯尼迪（John · F · Kennedy）总统和他的兄弟罗伯特·F. 肯尼迪（Robert · F · Kennedy）参议员以及小马丁·路德·金（Martin ·

---

① 莫顿·J. 霍维茨著，谢鸿飞译：《美国法的变迁：1780—1860》，中国政法大学出版社 2001 年版。

Luther·King, Jr.）遇刺、越南战争以及随之而来的国内大规模反战运动等等。有少数学者甚至建议将眼光放得更远：“如果我们把眼光放的再深远一点、再开阔一点，这场危机其实并不局限于美国，也非始于 20 世纪的六七十年代。那个世纪的前半叶，在欧洲发生的、殃及全人类的两次世界大战实际上早已深刻地暴露了整个西方文化的危机。恐怕在那个时候，人们就已经丧失了对西方式法律制度之公正性的信心，甚至丧失了对西方文明鉴别公证之能力的信心。”①按照这种理路，我们另外可以将批判法学研究运动的社会背景扩展至 20 世纪早期美国国内的大规模周期性经济危机和 20 世纪 50 年代的朝鲜战争，如果不是因为学术研究上刻意讲求一种类似法律推理中的“近因”的话，那就或许是因为某种维度上的高度相似性使得越南战争对朝鲜战争对批判法学研究运动产生的解释力之遮蔽作用使然。

综观国内外学术界对于批判法学研究运动产生之社会背景的解读，不难发现，各位学者所陈述的社会背景共性大于个性，而且所罗列之项通常不如本书之浩繁。究其原因，我们认为，上述所罗列之各项原因事件之间有着千丝万缕的内在关联。鉴于此，本书拟从通说，亦即围绕主要原因事件展开论述，同时将其他非近因原因事件融入其中作一简要交代，对于各项主原因事件将作出比较详细的阐述。

20 世纪 50 年代以及 60 年代早期，美国是一个以意见统一和自信为特征的国家。学者指出：“很多美国人，包括大多数法律程序学者和政治理论家，在整个 50 年代都相信，全国人民有着统一的意见，全都赞美民主和法治。而且，他们相信，因为美国的技术、繁荣和力量，这些高贵的原则不但可以充满所有美

---

① 苏亦工：《法律现代主义＜译者引言＞》，载戴维·鲁本著，苏亦工译：《法律现代主义》，中国政法大学出版社 2004 年版，引言详见《译者引言》第 3 页。

国人的生活,而且可以有益地塑造整个世界。"①

但是,这种状况很可能只是一种空想或者说很快便被现实变成了空想。因为早期的黑人民权运动已经证实了这种想法中的缺陷。民权运动对于批判法学研究运动的起源之解释逻辑比较简单,自美国独立以降,美国南部的黑人一直被白人歧视,尽管林肯领导的南北战争在普遍层面上消除了南部黑奴的存在,但此后数年以来,黑人遭到白人的种族歧视和社会的不公正待遇却是不容争论的历史事实。从 20 世纪 50 年代开始,在南部种族隔离地区,美国黑人发起了一场群众运动,一些富有同情心的白人也相继投入其中。这是美国历史上唯一的"草根"阶层运动,从某种意义上而言,这场运动取得了最初的成功。这最初的成功之标志在于,经历由杰出的黑人律师们领导的、长达 10 余年之久的斗争为沃伦法院在 1954 年布朗诉托贝卡教育委员会案件(Brown v. Board of Education of Topeka)中所作出的判决奠定了基础,首席大法官沃伦(Warren)宣布了具有历史意义的判词:"……我们可以下结论,在公立教育领域里,'隔离但平等'的原则是站不住脚的。种族隔离的教育设施是固有不平等的。所以,我们认为这些案件的原告及该案代表的其他相似状况的人,由于所指控的种族隔离的原因,被剥夺了由宪法第十四修正案所保障的法律平等保护。这一认定使得任何对这种隔离是否也违法了宪法第十四修正案的正当程序条款的讨论变得没有必要……"②本案判决之后的 10 余年间,美国通过了一系列重大的民权立法。然而,由于国内白人特别是南部地区白人的广泛和强烈抵制,这些旨在消除种族歧视的立法事实上变成了一纸空文,现实世界中的种族隔离和种族歧视依然大量存在。但这些法律变革帮助推动了一场规模空前

---

① 斯蒂芬·M. 菲尔德曼著,李国庆译:《从前现代主义到后现代主义的美国法律思想——一次思想航行》,中国政法大学出版社 2005 年版,第 252~253 页。

② 北京大学法学院司法研究中心编:《宪法的精神——美国联邦最高法院200 年经典判例选读》,中国方正出版社 2003 年版,第 334~335 页。

的由小马丁·路德·金领导的非暴力运动。但是小马丁·路德·金不仅遭受了牢狱之灾,而且被刺杀了。黑人们开始对非暴力抵抗失去了耐心,于是开始走上了暴力抵抗之路。其中黑豹党(the Black Panther Party)便是一个典型例证,他们采取暗杀的方式来争取黑人的权利。总之,依赖法律来获取平等和不受种族歧视的梦想破灭了,种族进步的这种缓慢步伐似乎已经证明了美国自由主义的破产,连最基本的公民之间的平等保护都不可能实现,这不是自由主义和根植于其中的自由主义法律体系的破产又是什么呢?这些社会现实为批判法学研究运动的发端埋下初步的种子。

越南战争更是使美国人对自由主义连同它的法律体系之幻想破灭。美国的强大连同它现代主义自负的民族精神使得美国人相信,他们有能力为世界设计进步。在冷战期间,所谓的为世界设计进步就是要打败共产主义。"在越南,这一想法演变成了相互关联的目标:打败北越的共产党人,并且保证东南亚地区的被认为是自由的经济和政府。但是,从美国在1964年和1965年派出部队开始,美国就严重地低估了北越人的决心。因此,对于美国的目标的追求就要求国家坚持不懈地升级自己的战争努力。尽管如此,随着每一次升级,随着每一次轰炸攻势和每一次输送更多的士兵,美国无论如何都没能朝着自己的目标取得什么进展。事实上,在战争中,美国在越南投下了700万吨炸弹,这超过了联军在二战中在欧洲和亚洲所投下的数量的两倍还多。同国外战争的升级一起出现的还有国内民心的挫败,美国人分化为支持战争和反对战争的两级:在1965年,大多数美国人都支持国家参与越南事务,但到了1969年,大多数美国人都反对它。很多参与者都通过参加那个时代

著名的抗议游行来坦率地表达自己的不满。"①据史料记载，
1965 年春季，美国国内第一次大规模的反战示威运动爆发，约
2500 人参加了在华盛顿的反战集会。随着战争的不断升级，
1969 年 10 月，全国性的上百万人参加的反战示威爆发。大学
校园内反战运动也风起云涌，越南前线的士兵也参与了一些杀
伤上级军官的事件。

　　1973 年，万般无奈的理查德·尼克松政府从越南撤走了自
己的军队。尽管政府声称自己通过谈判获得了一次"有荣誉的
和平"。但事实绝非如此，3500 亿美元的战争开支和 58000 名
美国人的牺牲换来的只是一个透心凉的失败梦魇。美国人不
再相信所谓的自由主义美梦，他们发现，美国的自由主义不过
是一种虚伪的帝国主义。

　　有关批判法学研究运动的其他一些社会背景，诸如美国政
治上的麦卡锡主义、黑豹党事件等等，出于体例安排上的原因
将在本书第二章中进一步讨论。

第三节　批判法学研究运动的思想渊源

　　批判法学研究运动的出现不仅有着宏大的社会背景，作为
一种法律思想史上的现象，它还有着自身的学术渊源，亦即批
判法学研究运动的思想渊源。这里有一个问题：如何判定一种
思想是不是批判法学研究运动的渊源？是依据批判法学者们
自身的表态和他们的注释来确定，抑或是依据其他对批判法学

---

　　① 斯蒂芬·M.菲尔德曼著，李国庆译：《从前现代主义到后现代主义的美国
法律思想———一次思想航行》，中国政法大学出版社 2005 年版，第 253～254 页。
原文标注：有关越南的信息。来源于 Gabriel Kolko, Anatomy of a War: Vietnam, The
United States, and the Modern Historical Experience(1994); James T. Patterson, Grand
Expectations: The United States, 1945－1974, 593－636, (1996); Stephan Thern-
strom, A History of the American People, 844－856, (2d ed., 1989); Howard Zinn, A
People's History of the United States, 490－492, (1980).

研究进行研究的著述确定,但他们的依据又是什么呢?这里牵涉到知识谱系学上的重大问题,本书在此不展开讨论,只是提出这一问题希望读者注意。我们这里依据批判法学者自身的交代以及比较成熟的对于批判法学的研究文献,对之作简要论述。需要注意的另一个问题是,一些对于批判法学研究运动的起源具有解释力的思想之间本身存在着千丝万缕的关联,因而下文的罗列并不意味着各种解释项之间是独立的和平行的。

福柯

　　首先,上升至哲学的高度观之,国内有学者研究认为反理性主义是批判法学研究运动的思想渊源之一。[①] 这种见解有一定的道理。根据《后现代主义辞典》的解释,"反理性主义是人类普遍的一种思维方式与哲学态度,并非专指某些特定的哲学流派,其直接反对的是认识论上的理性主义和经验主义,与哲学怀疑论、不可知论、虚无主义、神秘信仰主义及人生观上的享乐主义、禁欲主义与悲观厌世主义等有密切的关系与联系"。[②] 尽管是一种人类普遍的思维方式与哲学态度,但在学术史上总有集中的代表人物,如果说 1819 年叔本华发表《作为意志和表象的世界》一书之时,他那种反传统的非理性主义尚未能为世人所普遍接受的话,那么,到 19 世纪中叶,这种思想广泛传播的社会条件已经具备。生活于 19 世纪下半叶的尼采,以其犀利流畅的文笔,将其哲学前辈叔本华、克尔凯郭尔等人的反理性主义推广到了极致。尼采提出"根本没有什么真理",对传统进行了尽情的挑战

---

　　① 朱景文主编:《对西方法律传统的挑战——美国批判法学研究运动》,广西师范大学出版社 2004 年版,第 20 页。

　　② 王治河主编:《后现代主义辞典》,中央编译出版社 2005 年版,第 119 页。

与颠覆。在弗洛伊德和韦伯之后，法国哲学家米歇尔·福柯于1961 年出版了《疯癫与文明——古典时代的疯病史》一书，将反理性主义再次推向巅峰。学者认为："当反理性主义影响日增时，西方社会也在经历一场深刻是思想变化。传统的价值观念和行为规范忽然失去了作用，代之而起的，则是一种价值相对论，其含义在于价值完全是主观的，人们为了实现自己的目的，可以树立自己的价值观。随之而来的则是，在'学生和知识分子中，对公认的各种社会思想形态表现出不很明确的不满'。"①综观批判法学研究运动的历史表现及其著述中所引用的哲学依据，我们认为，批判法学研究运动的确在某种程度上受到了反理性主义哲学的影响。

其次，无论是批判法学研究运动的主将们还是学术界通说，都认同西方马克思主义是批判法学研究运动的又一思想渊源。例如，图什内特就曾坦言："……我们被那些为其他许多法学家所分享的非正式的马克思主义所吸引。"②

西方马克思主义思潮主要是依据现代西方社会的特点而对正统马克思主义所作的一种不同于苏联模式的理解，其主要代表人物为卢卡奇、葛兰西、柯尔斯以及法兰克福学派的领军人物，如霍克海默、哈贝马斯、阿道尔诺、马尔库塞等。这种思潮在美国 1960 年代的混乱社会中，于青年学生中获得了蓬勃的生命力，成为学生运动的一种指导思想，对他们的学术路径产生了不可估量的影响。

西方马克思主义在诸多方面与正统马克思主义不同，例如正统的马克思主义认为经济基础决定上层建筑。而葛兰西却将上层建筑区分为两个层次。按葛兰西的理解，经济基础并不能直接决定政治行动，因为政治行动是作为历史主体的人以其

---

① 朱景文主编：《对西方法律传统的挑战——美国批判法学研究运动》，广西师范大学出版社 2004 年版，第 20 页。

② See Mark Tushnet，"Critical Legal Studies：A Political History，" supra note.

对经济基础的解释而决定的,但当人们这样做时,他们就已经进入了上层建筑的领域。因而,在葛兰西的理论中,经济基础并不具有决定意义,而只是具有从属性。依据葛兰西的理路,要维护自身的统治,除依凭国家暴力机器之外,统治阶级还有更加关键的武器,亦即在市民社会中凭借优势甚至是垄断的话语优势实施意识形态和文化上的驾驭。这种分析路径,在批判法学研究运动的系列作品中可谓比比皆是。另外,西方马克思主义中的法兰克福学派,对批判法学研究运动的影响也至为显著,以哈贝马斯的理论为例,"他(哈贝马斯)从制度的角度论述法律,对于进一步了解现代国家的法律很有帮助;他把法律看做是一种上层建筑,是社会组成的一个不可分割的部分,认为法律在社会发展中特别是在资本主义发展中起着重要作用以及其他一些观点,对于美国批判法学者评价当代美国法律制度等显然有一定的参考价值"。[①] 需要注意的是,这里的哈贝马斯的理论主要是其早期的理论,例如在与他人合著的《大学生与政治》中,他肯定了与美国学生运动具有一定相似性的德国学生运动,他的《公共领域的结构转型》更是对学生运动的发展起到了积极的指导作用。但 1967 年以后,哈贝马斯开始对学生运动进行批判,并最终与其决裂。

　　有观点认为美国 20 世纪早期兴起的新史学也是批判法学研究运动的思想渊源。传统的史学主要是一种叙述性的客观重述,力图为后人提供一种比较客观的先前时代的历史图景。新史学深受德国史学的影响,1909 年,美国历史协会主席 E. W. 道发表题目为《新史学》的演说。1912 年,美国史学家鲁宾逊出版《新史学》。新史学主张史学研究为现实服务,主张历史研究与社会科学结盟,主张大胆利用各种方法对叙述性史学获致的历史现象进行解释和分析。新史学主张历史可以阐释,可

---

① 朱景文主编:《对西方法律传统的挑战——美国批判法学研究运动》,广西师范大学出版社 2004 年版,第 184 页。

以借用社会科学的各种方法来进行历史分析。这就使得新史学的发展与社会科学的学科建设联系在一起。"'新史学'的研究者愿意对社会的经济问题、主导因素和前三十年出现的强大的富豪统治作出较为直接的批判性的思考……比尔德认为经济的和阶级的因素在发生作用——人们的物质利益——在决定围绕着美国宪法框架下的历史事件。因此，随着美国进步主义史学的发展，科学的专论代替了客观的叙述；政治社会因素特别是经济在叙述历史中起到的作用；物质因素和经济决定论被传授给青年学者。对唯物主义者这代人来说，美国进步主义史学清楚地表明了历史素材是唯物的——这对批判法学的科学马克思主义提供了便利的起点。"①这种理解，与该学者对于批判法学研究运动内部划分为两个分支的理解有关，但这种划分的观点现在似乎并不多见。尽管如此，我们似乎还是可以从批判法学研究运动中多多少少感受到新史学的影响。对于批判法学研究运动与新史学之间的关系问题或许会有不同的看法，本书将其列出，供读者参考。

　　相比之下，法律现实主义对于批判法学研究运动的影响是向来为批判法学家自身和学界公认的。在前文介绍了两个学派之后，大体上的脉络已经比较清晰。需要补充强调的是，在批判法学研究运动看来，法律现实主义对于传统自由主义法学的批判是不彻底的，因而也只是穿着批判外衣的自由主义法学而已。因而批判法学继承并以更加左派的姿态对其进行了批判。国内有研究者认为，批判法学研究运动还深受韦伯的社会学理论、结构主义、解构主义、功能主义、非功能主义以及当代欧洲的某些文艺理论如现代主义等等的影响②。纵观批判法学研究运动中的各种观点以及各家著作的内容，我们认为这种看法是有一定道理的。

---

　　① 尼古拉斯·麦考罗、斯蒂文·G.曼德姆著，朱慧、吴晓露、潘晓松译：《经济学与法律——从波斯纳到后现代主义》，法律出版社 2005 年版，第 214 页。

　　② 朱景文主编：《对西方法律传统的挑战——美国批判法学研究运动》，广西师范大学出版社 2004 年版，第 23 页。

第二章　图什内特教授眼中的
批判法学研究的政治史

1991年,作为批判法学研究运动发起人之一和运动的主要组织者、乔治敦大学法学院的马克·图什内特教授在《耶鲁法律季刊》百年纪念刊上发表了一篇长文,对批判法学研究运动的历史进行了回顾,图什内特教授在文中交代:"像所有的政治疆域一样,批判法学研究有一种内在的政治性,我在下文将要讨论其中的某些方面。同时批判法学研究还有一种外在的政治性,这方面是我所主要关注的。批判法学研究的外在政治性包括它和批判法学研究的信徒们借以发现自我的背景之间的关系。"①由是观之,图什内特教授的这篇论文主要研究的是批判法学研究运动的外部政治史,有关"外部政治史"和"内部政治史"的区分,本书第一章中已有所交代。批判法学研究的内部政治史涉及的有关基本论点在本书第一章中也已有部分交代,因而本章主要依据图什内特教授的论文对批判法学研究外部政治史进行阐述。当然,其间也会涉及部分内在政治史。

第一节　批判法学研究运动的史前史

这里我们以图什内特教授对于自己的亲身经历之回顾作为线索展开,所谓的批判法学研究运动的史前史主要是描述批判法学研究运动的成员们的早期个人经历。这种经历,一方面,

---

① See Mark Tushnet, "Critical Legal Studies: A Political History," supra note.

具有普遍性，"在第一批与批判法学有关联的人中有相当多的一部分是'红尿布婴儿'（red‐diaper babies），或者说是三十年代及其后的极左社会活动家的后继者。我以为这群人法律经历的形成受到法律半心半意地支持公民自由以反对麦卡锡主义的影响——而不是受民权运动的影响；这方面典型的法官是欧文·考夫曼而不是沃伦伯爵"①。另一方面，在图什内特教授看来，这种早期的个人经历对于批判法学研究运动的起源具有至为关键的解释力，"不穷尽这一原因的说明力，我认为其他力图解释批判法学研究运动的路径都毫无意义"②。鉴于这两方面的因素，我们这里不妨以描述的方式来展示一下这种史前史的状况。

　　少年的图什内特亲身经历了两场涉及其父母的诉讼。第一次是他的父母被要求在参议院就"反美运动"（Un‐American Activities）作证，为了这次诉讼，全家进行了精心的准备，全家人精心地研究了宪法第十五修正案，图什内特本人阅读了迪安·格瑞斯沃德（Dean Griswold）的《今天的宪法第十五修正案》（*The Fifth Amendment Today*），由于该书及其令人鼓舞地支持与麦卡锡时代自证其罪针锋相对的特权，所以极大地激励了图什内特本人。尽管图什内特的父母在这次诉讼中没有受到法律制裁，但在图什内特看来，并不是因为法律的佐佑，而是因为其父母体面的社会地位。③ 此次经历，无疑影响了少年图什内特对于法律的看法。

　　稍后，法律体系给图什内特的家庭带来了更多苦恼。据图什内特回忆，当时，一位前社会活动家进入了纽华克城学校委员会。《纽华克明星簿》（The Newark star‐Ledger）反对对她的任命，并在一篇社论中称她是共产主义者、蠢货和骗子。随后

---

① See Mark Tushnet,"Critical Legal Studies：A Political History," supra note.

② See Mark Tushnet,"Critical Legal Studies：A Political History," supra note.

③ See Mark Tushnet,"Critical Legal Studies：A Political History," supra note.

该社会活动家利用沙利文公司诉《纽约时报》案（New York Times Co. v. Sullivan）大肆鼓吹自由，随后遭致诉讼。图什内特的父母和他们的许多朋友被卷入到这样一起使得麦卡锡主义带来的所有紧张和恐慌得以复现的诉讼之中。在图什内特看来，法律似乎到了无须任何正当理由就可以任意侵入人们的正常生活的地步。再一次，法律在图什内特的母亲宣誓作证时也同样没有闪现出任何希望之光。诉讼中的议题之一是原告是否有可能已经得知共产主义者当时正在图什内特他们家开会。会议在他们的起居室举行，图什内特的母亲被要求描述那个房间，因为如此一来法官就可以通过房间的大小和原告认识所有在那里的人的可能性二者之间的相关性作出推断。这种推断从现代法治的眼光来看，实在荒诞不经。图什内特的母亲从角落里有一架钢琴（下面还有一架手风琴）开始谈起，然后继续陈述极其琐碎的细节直至把问题的焦点完全搞迷失了。①

　　因而，对于图什内特来说，就必然觉得法律是多少有点荒唐和可笑的事业。但是为什么其后他又对法律产生了兴趣？据图什内特本人交代："也许最重要的是这样一个原因，尽管这一原因在回过头来看时会觉得有些愚蠢。我的家庭成员能够安然度过麦卡锡时代而毫无损伤的原因之一是我父亲是一位独立执业的医生。这样的专家——在我看来还包括律师——可以度过一切劫难。可能出现的——事实上确实已经出现了——最糟糕的情形不过是我父亲会流失一些客户。但他是一位好医生，这一点其实那些流失掉的客户也知道，因此对于他们而言这就意味着为了履行自己的政治见解就必须放弃一些非常有价值的东西。律师的处境应该也相同。50 年代在左翼圈子中律师作为一种独立职业的形象也许就有了足够的说服力导使青年人认为律师是一个有吸引力的职业。人人都需要来自独立职业者们的意志激励和其他种种一般的实践上的援助。

---

① See Mark Tushnet, "Critical Legal Studies: A Political History," supra note.

当然，等到真正需要作出职业抉择的关头，专家职业的结构——也许更为重要的是我自身的强烈向往——已经改变到了足以使这幅图景和我对自己职业的感觉之间产生了不一致的地步。"①

当然，据图什内特本人交代，法律职业具有吸引力还有其他的原因。因为在一定程度上，左派律师们如克拉伦斯·达瑞尔（Clarence Darrow）等人在民权运动中的表现以及其父母在麻烦期内其咨询律师的表现使得图什内特相信，作为一名法律职业的专业人士，在一定程度上还是能够为其当事人提供实质性的帮助并为社会主持公道。如果说图什内特选择法律职业的第一点原因是形式主义的话，那么上述第二种原因就多多少少带有一点实质性的理想主义色彩的成分在其中。

图什内特认为，他的自我剖析是相对精确的，而且那些塑造它的经历对于"红尿布婴儿"们具有典型性。因而，他断言这些人对于法律的印象不会那么乐观明亮。图什内特认为，如果批判法学研究发展了一种对法律批判的理论，那么它因此就不完全是幻想破灭的结果。②"红尿布婴儿"们从来没有对法律抱太大希望。"更进一步，我们对于批判法学发展的影响有两个要点。目睹了麦卡锡主义对于人们日常生活的影响之时法律的实际运作，我们对那种认为法律作为一种进步性变革的工具而具有高效率的说法保持怀疑。此外，我们有关法律的经历使得我们对法律和社会运动的方案很同情。特别地，我们被那些为其他许多法学家所分享的非正式的马克思主义吸引，这就提供了一个平衡力——针对批判性社会理论的发展。"③

---

① See Mark Tushnet,"Critical Legal Studies：A Political History," supra note.

② 20世纪70年代后期经由法律而进行的大规模社会变革运动的失败导致人们幻想破灭。这个在60年代和70年代民权运动和福利运动取得初期成功后的失败让人们极度焦虑。

③ See Mark Tushnet,"Critical Legal Studies：A Political History," supra note.

第二节　黑暗时代

这一段时期,是指 20 世纪 60 年代末到 70 年代初,从时间上来看,属于批判法学研究运动蓬勃兴起之前,属于"黎明前的黑暗"。正是这段黑暗时期,有关的思潮达到了待发之前的"蓄势"。

1969 年,黑豹党的一个成员在耶鲁大学所在的纽黑文市被杀。联邦调查局以查处疑犯为借口展开了对黑豹党的大规模逮捕。1970 年春,纽黑文城法院开庭审判黑豹党谋杀案。非常巧合的是,该法院就在耶鲁大学的校园外,每次开庭审判,黑豹党的支持者就在法院外面示威抗议,闹得耶鲁法学院人心浮动。与此同时,校方与学生之间因校方要起诉一名毁坏学校财产的黑人学生而产生严重对抗,愤怒的学生在校园内举行示威抗议,校方找来警察并动用了催泪瓦斯。

同时耶鲁大学校园内也出现了抵制越南战争的骚乱,威廉·斯洛恩·科芬的就任让事情变得更加糟糕。那时的文化激进主义使学生们穿奢华的服饰,举止轻浮。耶鲁法学院的学生团体没能避免这些潮流——甚至包括文化激进主义在内——的影响。

耶鲁法学院适时正在经历初等教员层次上的重大扩张,而比较年轻的教员渐渐被少数几个刚露头角的更年轻的学生带坏。此外,尽管初级教员中没有几个持激进主义政治观,但他们比高等教员更同情学生发表的声明。在图什内特等青年学生的眼中,高级教员就像守卫遭受围攻的要塞的卫兵,不惜代价地守卫城墙,抵御野蛮人的侵犯。那些即便是以最轻微的方式认为学生们或许在做某种有意义的事的人也被认为是政治上不可靠的。在这样的大环境之下,任何不同意见都会威胁到高级教员倾力维护的长久以来的稳定。年轻教员以激进的姿态在学术上向老一代挑战。比如约翰·克利夫斯(John Grif-

fiths)当年就向法学院著名
的刑法学家赫伯特·派克
(Herbert Packer)的理论进
行挑战。例如派克认为,社
会面临在"正当程序模式"
和"犯罪控制模式"之间作
出选择。克利夫斯提供了
他称之为的"第三种模式",
按图什内特的理解,该称谓
是必要的但同时却带有误
导性,该模式尽管在今天看

耶鲁大学

来是一种通往刑事诉讼程序的颇有趣味的社群女权主义进路,
但在当时却被看成疯狂的集权主义。在图什内特看来,克利夫
斯是当时年轻教员的一个缩影,他们不仅猛烈抨击被许多高级
教员看做某一领域的主要人物的一生工作的主要成就,而且他
们众口一词地对高级教员们进行嘲讽——任何一个智力正常的
人都不会把他们的工作当回事,"让他们瞎写去吧"。据传派克
就是被这种激进的学术批评气死的。尽管当时耶鲁法学院的
主流思想已经接受了当时比较激进的法律现实主义,但是这些
年轻人走得更远,他们将法律与社会联系起来,将法律看做是
社会或者政治的产物,而不是立法者或者法官的产物。这种挑
战构成了20世纪80年代批判法学的核心思想。当时,耶鲁法
学院主张要培养一代"最优秀光明的"政策导向的法律精英,但
是,这种"最优秀光明"的政策导向却是不能接受批判的。耶鲁
法学院终于忍无可忍,先后开除了6名年轻的教员,他们都是
当时法律与社会运动和后来的批判法学研究运动的"主力队
员",其中包括后来法律社会学派中著名的理查德·阿贝尔
(Richard Abel),约翰·克利夫斯(John Griffiths)和批判法学研

究运动的重要人物大卫·楚贝克（David Trubek）。①

　　大多数的高级教员吸收了对法律现实主义的新政理解。依据那种理解——以迈尔斯·麦克·杜格尔（Myres McDougal）的作品为标志——形式主义的法律规则带来的不确定性应该被一种从社会科学中非正式地提取了智慧的政策科学所取代从而指导法律判决。社会科学将会被用来回答一些法律工作者们认为比较有趣的疑惑——

楚贝克

这些疑惑是他们在尝试解决法律形式主义未能解决的冲突时遇到的。耶鲁法学院的初级教员比它的高级主管们更加慎重地对待耶鲁法学院的标准，他们对法律现实主义追本溯源——结果发现他们自己比以新政思维理解的法律现实主义更加激进。大卫·楚贝克与查尔斯·克拉克法官曾经合著一篇文章，在该文中他们认为卡尔·卢埃林的晚近著作背叛了此前对早期法律现实主义的基本认知。对他们而言，卡尔·卢埃林经由把形式主义放在法律人阶层的"情境意识"中这样一种方式在法律中重新植入了形式主义。正如图什内特指出的，如果"情景意识"是一种社会自发形成的现象，那就可以用社会科学技术来审查它。然而，当时社会科学或许不仅仅是政策制定的工具，相反，作为一种社会现象它或许会是一门真正的法律科学。②

　　楚贝克和阿贝尔特别地转向经典社会理论从而寻求对这一现象的理解。在与一个由国际发展组织大力资助的有关"法律与发展"的项目联合时，他们发起并成立了一个阅读小组——这个小组专门研究社会科学对有关法律的社会理论之奠基作用的哲学，邓肯·肯尼迪、马克·图什内特、南希·格特纳、海

---

①　See Mark Tushnet，"Critical Legal Studies：A Political History，" supra note.

②　See Mark Tushnet，"Critical Legal Studies：A Political History，" supra note.

伦妮·伊茨沃伦特和其他一些人都参与其中。这个与学生激进主义者的联合，这个与聪明的学生激进主义者的聪明的联合，在高级教员眼中一无是处。从某种意义上来说，确实如此。因为在这些讨论的过程中，在政治对抗的气氛之下的法律现实主义与经典社会理论的对抗描绘出了批判法学的最初轮廓。

黑暗时代中对立政治的道德主义也有必要强调一下。学生由于对公共政策过程的不满导致他们中的很多人拒绝接受已成为耶鲁法律人形象之核心的那样一种角色：对影响公共政策过程感兴趣的善意的公众仆人——经由提供有关"政策的微小的变化将会如何推进社会正义的目标"的非正式判断这样一种途径。作为受过耶鲁法学院教育的人，图什内特深刻地体会到一种实质认知上的不协调：当他的室友为（越南）战争的不道德而感到愤怒但却把情绪控制在法律的框架内时，图什内特和他一样愤怒，因为图什内特反对他室友的守法主义。[①]

获得法律现实主义的要领后，图什内特写了后来自认为是其有关批判法学研究的处女作的一篇评论。当时黑豹党审判事件中的抗议者召集了由法学院社团参加的"市政厅"会议。会议的主流话语是：因为所有人都认可的正当缘由而被合法起诉的黑豹党成员应该获得法律的规范程序，该程序直接导引出这样的规范结论——一个审理、一个裁判、一个上诉（如果有必要的话）。在那次会议上，图什内特作了如下争论，据其本人后来交代，认为它是一个有关不确定性争论的版本。当时支持对黑豹党成员起诉的关键证据是经由一个附带逮捕的对一栋房子的全面搜查而获得的，在该案审判的当时，这样一种搜查很可能是违宪的，因此，在图什内特看来，那些证据是不能用来支持对黑豹党成员起诉的。然而，最高法院当时声称对这类搜查的禁止并不具有溯及力，因此使用非法获取的证据支持对黑豹党成员的起诉并不会违反法院维护的任何宪法条款。图什内

---

① See Mark Tushnet, "Critical Legal Studies: A Political History," supra note.

特争辩认为,对于一个控诉人而言像作一项判断力练习似的作决定是不妥的,无论如何对那种项证据的使用本身都是与"法治"不兼容的。

这种种事件以及法学院教授们对通过非法获得的证据来审判黑豹党人(黑人民权运动的激进派)行径保持的集体沉默,使得图示内特从此对法学院所谓的知识精英形成了怀疑态度。经由图示内特的经历可以对黑暗时代的历史有所管窥。

第三节　批判法学研究运动的启蒙时期

从外观上看,作为一片政治疆域的批判法学研究运动的起源是比较容易辨识的。学界通说是以 1977 年春天,批判法学研究大会第一次会议的召开为标志。1976 年开初,大卫·楚贝克从他的剑桥大学之行返回美国,楚贝克找到图什内特并告诉他,自己已经和邓肯·肯尼迪谈过,他们一致认为当时美国国内有一大批人正在从事看起来似乎有某种"共同主题"的法律学术研究,因而他们认为,把这些人集结起来应该是一件颇有意义的事情。而楚贝克和肯尼迪当时感觉所谓的"共同主题"是指:用那些和威斯康星大学法学院传统的对"法律与社会"的集中关注相兼容的路径来研究意识形态方面的问题,但用那些似乎和法律学者们的更为主流的方法相兼容的路径来集中关注法律学说。他们很想通过一种组织活动来验证一下上述感觉是否准确。而且,他们认为,尽管这种工作早已为肯尼迪所关注,但这种工作却是分散在全国各地的人们都在做的,而且这些分散的人们大多都没有意识到只有肯尼迪才对这些工作格外感兴趣,而且也许只有他才能对这些工作进行有助益的评论。当然,除此之外,有一些做着相似工作却并未把成果传送给肯尼迪但却愿意隶属于一个见解相似的学者群体的人们之存在也是有可能的。是时,图什内特在威斯康星大学做院长助理,有部分剩余精力。另外,他本人深谙组织管理之道,因而,图什内特自然就承担起该学术运动的组织管理工作。

在图什内特看来,那些把人们聚集起来的工作中的智识主题如今已成为批判法学研究运动的标尺。描述批判法学研究运动的政治史必然要对这些主题进行辨识。图什内特认为,有关这类主题的各种版本之间最多只是存在某种家族相似性,然而事实证明家族相似性的存在或许是批判法学研究运动的最重要的维度。

按照图什内特的理解,肯尼迪和楚贝克所指称的工作有以下两个主题:[1]

威斯康星大学

其一,是运用一种源于现实主义法学家的工作之中发展出来的技术——在无数独立的法律领域中对相互匹敌的各种见解之间争论的识别。该项技术首先导使"不确定性"争论的发展。稍后,该技术哲学性地异化为解构主义者所使用的更为复杂的技术,但是批判法学运动的信徒们坚持通常的理解——在法律论述和日常的道德及政治论述之间并无什么差异。这一点其

---

① See Mark Tushnet, "Critical Legal Studies: A Political History," supra note.

实也是批判法学研究运动和现实主义法学的歧异之所在,虽然二者都反对法律形式主义,但法律现实主义认为法律推理和政治辩论之间迥然有别,而批判法学家们却认为,不存在什么特立独行的法律推理模式,"法律就是政治",除了社会中的意识形态之战,别无他物。法律现实主义认为法律的不确定性在于"事实的不确定性"和"规则的不确定性",而批判法学研究运动则认为,法律的不确定性和法律与政治的混同密切相关。上述技术的法律现实主义版本已经引导一些现实主义者提供一种有关法律的相当不正式的描述的法律社会学。叙述地来看,一个法学职业群体的存在,分享了卢埃林所谓的"情境意识"(situation sense),消除了不确定性所带来的各种结果之间相互冲突的可能性,法律现实主义者认为,这种状况是有可能在实践中实现的。

其二,是对于法律社会学的批判。法律现实主义正是经由这种法律社会学才被含蓄地吸收进法律学术园地。这种对于法律社会学的批判,主要依凭韦伯和马克思的工作成果。与批判法学研究有关的大量的早期工作包括了搞懂马克思主义传统和韦伯社会学传统中的法律相对自治的观念的努力。这些努力之中存在着内在的张力。对于一些人来说,马克思主义之所以吸引人是因为它反对资本主义体系的永久性胜利之不可避免性。然而,如果它是那种意义上的自由主义,马克思主义理论中的历史决定论倾向在另外一种意义上就是有局限性的。因为批判法学虽然赞同经典马克思主义对于资本主义的永久性胜利的否定,但另一方面,批判法学又不赞同经典马克思主义中的决定论,他们并不认为社会历史进程具有某种确定性的路径。与之类似,在批判法学家们看来,韦伯的社会学理论——因为其强调官僚制社会中的理性"铁笼"——就传达了一条更为悲观的信息。但是,批判法学者却在一定意义上认同韦伯的这一判断,在某种意义上他们对现状也是悲观的。理性曾经是启蒙时期人类追求和达至自由的工具,一如康德的名言

"一切事物必需接受理性的审判"。然而,韦伯却接着指出了人类面临的陷阱,在现代社会严密的科层制官僚体系之下,理性作为人类追求和达至自由的工具异化了,现代社会的主体失去了对理性的掌控,变成了理性的对象——理性构建出了现代人自由的"铁笼"。批判法学者同韦伯一样,认为法律制度是这一"理性铁笼"的制度化组成部分。但另一方面,批判法学者们又与韦伯不同,例如"昂格尔拒不赞成韦伯理论的观点,即社会的不平等是个别劳动的推动力因而也是社会发展的动力,它是一种冷酷无情的合理性。韦伯认为,我们命定要生活在法理型国家及其官僚行政的铁笼之中,因为我们不能超越不平等。昂格尔努力使人类思想重返形而上学的调和之路"。① 批判法学家们所要做的,是打碎这一"理性铁笼",将理性还归社会主体自身。现代社会所鄙夷的"感性"——诸如愤怒、激动和恐惧等等——实际上是社会主体的真正理性的一部分,批判法学者努力在现代法律话语系统中引入此类因素,冲破法律形式主义的牢笼,使人类达至真正的理性和自由。

批判法学运动中的文化激进主义倾向对强调自由选择而不是决定论的势力施加了新的推动力,一方面,马克思、韦伯传统的持续影响使得批判法学运动将昂格尔所谓的"构成性情境"一并纳入这一运动的智识性工作。然而,这样一种要素组合并非有条不紊、十分兼容,它导致了明显的智识张力——如果不是存在于个体意义上的批判法学的每个信徒自身、那就是存在于整体意义上的批判法学运动之中。这些张力,反过来提供了批判批判法学——以挑战这一这项运动智识计划的内在自洽性——的契机。

上述两方面的主题汇聚于"法律是政治的"这一标志性的论断之下。但有关不确定性的争论和对社会理论的批判致使

① 韦恩·莫里森著,李贵林、李清伟、侯健、郑云端译:《法理学——从古希腊到后现代》,武汉大学出版社2003年版,第498页。

批判法学研究运动之中的人们对于"法律是政治的"这一论断有不同的理解。以图什内特为代表的一部分批判法学家视法律为一种人类行为的方式，在这种人类行为方式中政治冲突凭借一些路径找到了出路，这些路径有助于社会秩序（合法化）的稳定——部分地是经由那些被认为是以自然的方式来构建个人人格和社会机构。有关法律的合法化和基本运作发生在所有层面。对"针对特定学说背后的东西进行的法律分析"进行分类，同时带来了各种影响，图什内特举例说，侵权法中运用的"合理"（reasonableness）这一概念是政治的是在这样一种意义上：它含蓄地（有时是明确地）依赖对男性行为的印象来定义一般意义上的"合理"。与之不同，其他一些批判法学者们争辩说整个法治观念及与之相关的对客观性和主观性的区分应合并为一个部分，因此，政治就是对理性行为的定义。①

试图将对法律学说中对立意见的分析和对法律社会学的批判结合起来，给批判法学研究运动自身带来了一系列的智识和政治张力。首先说智识上的张力：

第一，在法律中可以获致的"社会学意识"和社会传统极其不发达。第二，任何一种社会学意识，当其发展超越基础知识的时候，就很可能和批判法学家们视之为对标志着马克思和韦伯主流传统的决定性的倾向处于某种张力之中。第三，批判法学家们可以发展起来的任何一种社会学意识将能够描述作为这项工作第一个主题之焦点的法律学说和作为第二主题之焦点的对"意识"的关注之间的严肃的关联——这一点在起初看起来似乎不可能。绝大多数的工作要么明确陈述要么暗示他们所研究的法律学说以某种方式论证了法律体系的合法化，但并未充分解释以什么方式。他们所谈论的合法性的唯一机制是一种关于合法化的"传送带"理论。依据这一理论，法律精英们清晰地表达了有关现存体系为何以及如何是唯一真正有效

① See Mark Tushnet, "Critical Legal Studies: A Political History," supra note.

的能推进人类各种优点的路径的幻想式的理论。最后,一方面激进文化将法律理解为异化的和压抑的,另一方面作为一片政治疆域的批判法学的信徒们有时以压抑的一方参与政治实践,这两方面之间有一种内在的张力。这种张力——在少数派和女权主义者对一些批判法学者们立场的陈述的批判之中得到鲜明的体现——就是对于受压迫者之中的大部分人而言有关法律的经历既是异化的又是自由的。有时异化与自由二者体现出共时性,有时二者体现出一种先后的序列性。①

图什内特认为,与这些困难相比更重要的是对不确定性所作的分析之中的隐含意义。经典社会理论对于法律问题关注得比较少,但法律术语——尤其是"财产私有制"——在马克思社会理论的基本架构中占有重要地位。在与其在马克思社会理论基本架构中所处的地位相比而言稍微弱势的意义上,财产私有制在韦伯的社会学思想架构中也占据相当地位。如果这些法律术语是不确定的,经典社会学理论得出的认为工人阶级的胜利具有不可避免性或官僚制社会中的"铁笼"的胜利具有不可避免性的结论就是不可靠的。简而言之,不确定性理论威胁到法律现实主义者据以解决在他们的法律分析中出现那些规范性困难和描述性困难的社会理论。换一条路径,发展于法律学说特定背景之下的不确定性理论创造了这样一种氛围——在该氛围中经典社会理论的确定性倾向遭到质疑。②

其次,对社会理论的批判也面临着一重政治上的困境。批判法学家们从经典社会理论中发掘出的决定论与他们对美国社会运动的理解并不兼容。因为在民权运动、反越战运动中道德意识明显地扮演了一个比他们相信经典社会理论所能够解释的更大的角色。对于权利的批判以及早先讨论过的对于权利批判的批判属于内在于批判法学研究运动的一种努力,这种

---

① See Mark Tushnet, "Critical Legal Studies: A Political History," supra note.

② See Mark Tushnet, "Critical Legal Studies: A Political History," supra note.

努力试图发展出一种能够比关于合法化的"传送带"模型对道德解放运动具有更充分解释力的有关法律意识的社会学。更进一步，批判法学家们在经典社会理论中发现的决定论在他们自身看来在 20 世纪 70 年代中期的社会环境下具有一种"遣散效应"（demobilizing effect），在 20 世纪 70 年代中期自由派改革者的活力和沃伦法院在法律上的结合看来也已经葬送了他们自身。因为经由上述分析，批判法学研究运动在更深层次揭示了法律被社会和政治异化的过程和结果，这会直接导致人们对于法律的信仰危机。凭借着把有关意识和异化的问题推向前台，批判法学研究运动的路径或许会对一种社会理论的发展有所助益——这种社会理论在不利的政治状况下也不会被"遣散"。然而同时，在另一方面，对社会理论的批判却又尴尬地和许多在政治上很积极的的法学家们——这些法学家与批判法学运动有关系——的经过训练的"直觉"取得了一致。他们接受了一种非正式的马克思主义对于法律和社会的解说，在这种解说中一个人可以借助于"统治阶级的利益"来解释绝大多数时间内的法律产品（legal outcome）。由此，我们可以看出，一方面他们批判传统的社会理论，另一方面，他们又以另一种方式借用和诠释了传统的社会理论，即诸如法律是"统治阶级的利益"之体现之类的解说。图什内特认为，对社会理论的批判威胁到对于法律秩序的"理解"，而且这种威胁达到了这样一种程度：活跃的法学家们一度能够凭借这样一种途径——借助于那种"理解"来对其行为定位——来解释他们的行为，但对社会理论的批判却对他们的行为提出了挑战。①

　　面对上述针对对立见解的分析和对社会理论的批判这二者之结合本身给批判法学带来的重重政治困境。图什内特说自己曾经描述过一种在相当程度上能够自洽的智识计划，但是在起初和批判法学运动有关的人们之中很少有人认为这一计划

---

① See Mark Tushnet，"Critical Legal Studies：A Political History，" supra note.

中的各种成分都有同样的重要性,许多人赞成这一计划中的某些部分但却对其他部分感到不满。那些起初作为他们自我定位(将自己定位为和批判法学运动有关)的家族相似性是他们政治上的左倾立场。尽管"左派"很难说自身是一个严格意义上的地带,左派内部的政治分歧有时和人们在批判法学研究运动"计划"的成分这一问题上的智识分歧有关。特别地,那种含蓄的"传送带"社会理论——该理论将批判法学家们对于繁复的法律篇章的注意力与社会变迁或合法性联系起来——是不可信的;但是这种理论与对社会理论的批判有关联,而对社会理论的批判很可能被这种关联败坏。换言之,左派的人们仍然可以保有这样一幅图景——一个被发动起来的工人阶级作为社会变迁的"运输工具",这一"运输工具"被与生产有关的技术变化驱动。这种关于社会理论的相悖图景导使批判法学运动内部产生了紧张——这种紧张是关于批判法学研究运动的组织应该采取何种恰当形式的。一部分人认为,作为一个左翼的政治组织必须努力与其他持左派立场的政治组织相联系,他们同时认为理论工作从根本上来说对于左翼政治活动毫无用处。其他一些人则认为,理论计划本身是极为有趣而且是富有挑战性的,他们认为内部的发展是更为重要的,他们还认为试图扩展这一组织的范围的企图很可能造成更多的政治困难,因为这样做内部的政治一致性程度——当下已经低得足以造成政治困难——将会不可避免地消逝。[①]

　　解决的方法后来被证明源自邓肯·肯尼迪的政治判断和图什内特的组织能力。对于肯尼迪而言,为了那些认为这种自我定位是很有价值的人们而维持批判法学运动作为一片政治疆域,比起采取一种特定的组织姿态而言更为重要。更进一步,他和早期批判法学运动核心成员中的其他一些人相信"政治冲突"更多地是表面上的而非事实上的,他们相信当人们真正埋

[①]　See Mark Tushnet, "Critical Legal Studies: A Political History," supra note.

头去做一些事情的时候他们会发现他们平常的政治导向比起他们的政治异议对与他们自身要重要的多。对于图什内特而言，作为组织者就得把分内的工作干好：保持通讯名单、确保新闻信件发出、帮助那些想做事情的人继续做他们的工作。事实证明把（组织）工作干好正是批判法学研究运动在那个关头所急需的。因为批判法学研究运动作为一片政治疆域，重要的不是把智识界限划定得正确，尽管因为批判法学研究运动刚刚加入学术圈，他们必须做一些在智识上有趣味的工作。重要的是保持这一疆域对于需要它的人而言是可以获得的。

按图什内特的说法，这一疆域在其建立之后的随后几年里像一条"阿米巴"（amoeba：一种变形虫）一样在法律学术的左派园地里游动。它招揽了新的"顾客"，在经过最初的调情（flirtation）之后吸收了一些人并拒绝了另外一些人，同时驱逐了一小撮原先和批判法学研究运动有关联的人。在这一过程中，这片疆域不断变化着，因为这一疆域中的一些家伙发现他们自己位于多少有些不同的地方（他们以为这一疆域中的人们是铁板一块）：边缘或中心——曾经他们位于中心或边缘。经由种种这样那样的情况，这片疆域的占据者们继续相互影响着——尽管伴随着张力。

第四节　批判法学研究运动的现状与前景展望

囿于搜集和翻译资料的困难，我们这里所谓的"现状与前景"同样主要是依据图什内特的《批判法学研究：政治史》一文的相应部分进行阐述。应当提醒读者的是，由于该文发表于1991年，与本文的所阐述的"史前史"、"黑暗时代"、"启蒙时期"有所不同，上述这些划分主要是一种对特定历史阶段的定性，而"现状和未来"则更多地是一种时间上的描述。十余年已逝，从时间上看，当初所谓的"现状"已非现状——尽管"未来"还在继续。但作为对于肯尼迪学术背景的一种介绍，并不妨碍我们对其运用。希望读者对此有所注意。

在本部分，图什内特教授谈及了一个对于批判法学研究来说很"似是而非"的解释：批判法学研究是一片属于那些力主支持和扩展左翼思想在法学领域中的主导地位的左翼分子们的政治疆域。图什内特认为，依据这种观点，批判法学没有一丁点实质的智识成分。并且认为这是导使他很难分辨那极其普遍的浩如烟海的以批判法学为题的智力产品的原因所在。对于上述命题，图什内特认为："如果按照那些为大多数批判法学作者所认同的看法——法律是政治的——那么对这一结论就不应该感到丝毫惊讶。因为，既然法律是政治的，大概人们也会随之相信法学者的立场也是政治的。"图什内特认为，当和批判法学有联系的人们声称法律是政治的时候，他们实际上是在说：在一个人理解了道德、认识论以及植根于任何一种专门的法学主张中的经验性的假定的情况下，他就能理解这些假定在一个法律主张被用来推进那些可识别的政治团体的利益的一种特殊设定中是如何运作的。但是对于那些寻求推进某一单一群体利益的人们而言，他们也许会作出各种不同的潜在假定，伴随而来的是这一运动中的一些人将发现自己并不赞同在他们看来同样属于这一运动中的另外一些人的主张。正是在这样的意义上批判法学可以被理解为一种政治疆域——尽管在这一运动的参与者中有不同的见解。图什内特认为，当下人们也许会这样来描述批判法学研究运动这一疆域——认为他们被如下这些人占领：一些女权主义者、一群关注种族在法律中的角色的种族批判理论家、一群受晚近自由主义理论发展影响的后现代主义者、一群种族极端分子和一群强调经济结构在法律决定所赖以建立的背景上的重大作用的政治经济学家。[①]

由是观之，批判法学研究运动似乎分崩离析，但图什内特又进一步指出，即便这样来描述这一疆域，在那里也确实会发

① See Mark Tushnet, "Critical Legal Studies: A Political History," supra note.

现一些与之共通的因素。对于那些卷入这项工程的人而言,那种自我标榜的心理也许会促使他们视自己承担了某种智识义务。而且,总体说来,看来确实需要在相当程度上承认三种有关法律的见解:(一)法律在某种耐人寻味的意义上是模糊不定的;(二)法律可以经由关注法律决定赖以产生的背景——某种耐人寻味的途径——来理解;(三)在某种耐人寻味的意义上法律是政治的。①

关于当前批判法学研究运动在学术圈中的地位,图什内特认为,它已经成为法学学术圈的边缘领域中一个可以被接受的部分。因为法学院相信拥有一个——但也只限于一个——批判法学运动的鼓吹者在学院里总的来说是一件好事,尽管就像通常在同化一种异常的理解法律的进路时所会遇到的那样——他们经常发现大量的针对每个特定的任命的提议的反对意见。对于这种抵制,图什内特认为原因之一在于法学圈内的等级制度。另一个原因存在于美国的日常政治活动中,作为法学学术重镇的"左翼集团"的智识活力已经悄然消退。批判法学在边缘地带植入的第三个原因是替代性的激增,替代者是指异议者,女权主义和少数派的理论家们。②

在展望批判法学研究运动的前景时,图什内特的态度有些无奈与悲观。20世纪80年代末到90年代初,世界范围内的一系列政治运动和政治更迭使得批判法学研究运动感到迷茫。一方面批判法学研究运动将资本主义连同它的自由主义法律传统批得体无完肤,另一方面,在世界的某些地区却又出现了纷纷奔向资本主义世界的政治现实,苏联解体了、东欧也随之发生了巨变,原有的社会主义阵营瓦解。理论与实践的严重脱节使得批判法学研究运动的理论家们一头雾水。

图什内特认为,要想维持批判法学研究运动的智识和政治

---

① See Mark Tushnet, "Critical Legal Studies: A Political History," supra note.

② See Mark Tushnet, "Critical Legal Studies: A Political History," supra note.

强力,批判法学也许必须回归到经典的社会理论,这种理论强调社会大环境在成就社会实质转变方面地位的有限性,同时承认至少在某些时候人们确实带着意愿与清醒的意识创造历史。

由早期对经典社会理论的批判到不得不面对的这样一种回归,图什内特认为,不论这种回归多么具有政治上的正当性和在他看来所谓的智识性,都可能会自我限制了批判法学在智识上甚至政治上的活力。因为,在一定程度上,所有要做的就是确定资产阶级民主的胜利不能带来丝毫的利益这样一项极其无聊的工作。法律现实主义的标准版本已经把这一点讲得很清楚了。此外,在一定程度上,欧洲的发展表明有相当多样的政治和经济选择可以与资本主义民主这一定义相适应。向社会理论回归本身也许就是相当无聊的:这一选择也许多多少少是被社会大环境逼迫的,而不是通过某种典型的戏剧化途径。①

图什内特考察了国内的情形,认为当下批判法学研究运动的智识计划有其自身的缺陷。就是在小事情上纠缠不清。例如,批判法学批评守法主义——在图什内特看来——守法主义已经到达了一个它也许很难从其后续部分发展出实质的政治精力的"点"。这个"点"或许可以这样导出:通过设想已经开发出一种测量一系列法律规则的确定性的尺度——确定度。一个完全确定的法律体系也许会被测量出确定度为100,而一个完全不确定的法律体系也许会被测量出确定度为0。批判法学的追随者们目前守护着这样一种立场——针对法律体系比较恰当的测量标准应该幅度介于5和15之间;也即是说没有一个完全不确定的法律系统,只是它们的确定度相对较低而已。主流法律理论家当下守护的立场是:对运作良好的法律系统——比如美国的法律系统——而言,适当测量获得的确定度应该在40和60之间。也即是说,这样的法律系统在实质上有不确定性,但并不像持批判法学研究运动立场的人们所认为的那样严

---

① See Mark Tushnet, "Critical Legal Studies: A Political History," supra note.

重。这些立场各不相同,正如已经为批判法学研究运动所持的"最大程度的确定性"和主流立场之一所持的"最小程度的确定性"之间存在的那个巨大的空白地带所暗示的那样。此外,在批判法学研究运动的信徒之间,对于"确定性"的原初推导也存在分歧,因为与性别差异、种族差异以及阶级差异相联系的权力关系都应该在某种程度上被考虑进去。但是在这一点上他们只是围绕着一个细枝末节——确定性的程度——在争论。这样的争论比起在争论的早期发生于批判法学研究运动更极端的版本与主流立场之间的争论来说,激起后者激起的那种政治热忱的可能性要小得多,同时,导使左倾的法律学术达至批判法学研究运动的立场的可能性也要小得多。[①]

此外,1989 年以来,随着国家在政治上趋于保守,具有左派激进主义色彩的批判法学研究运动遭到了各大法学院的联合抵制。批判法学研究运动的成员要么被法学院解雇,要么在求职中遇到排挤。但法学院并对其未"赶尽杀绝",他们趋向于保留一两位批判法学者。按图什内特的解释,这样做可以填充因为自由主义学者在一个保守的时代中搞清如何从事自由主义政策学术研究方面的无能而留下的"真空地带"。图什内特想知道,那些进入法律教学行业的人将会从学生社团中提拔什么样的学生社团呢?在这些社团看来,60 年代的自由主义法律改革说得最好听一点就是一项旧帽子,说的最不好听就是专业人员所代表的新阶层妄图夺权的过分的野心的例证。这个团体也许会倾向于自由主义方向,但自以为是自由主义者——而其实不是标准的自由主义者——的数量可能少于批判法学刚发端的时候自以为是而其实不是标准的自由主义者的数量。批判法学中的激进文化派通常依靠对 60 年代的回忆来勾画社会关联的图景,而这些回忆对于大批量招聘进来的新成员是不可能拥有的。[②]

---

① See Mark Tushnet, "Critical Legal Studies: A Political History," supra note.

② See Mark Tushnet, "Critical Legal Studies: A Political History," supra note.

随着法学院的学术机构作为一种政治动力逐渐开始展露自身，批判法学者可以期待的最好结果是学术机构将会优先考虑雇佣一位女性学者或一位少数派学者而不是雇佣一位不那么称职的中间派或保守主义的男性。只有在非常情况之下一位白种男性的批判法学信徒在求职竞争中才会击败一位中间派或保守主义学者。

但是，图什内特指出，在赋予批判法学家们那种（微弱）程度的合法性的同时，学术团体拆除了政治上的"炸药包"——批判法学家们自认为自己持有的立场，它强化了自身对于价值的定义同时给了批判法学家们一个保持批判法学体系本来面貌的包票。正如在有关对"关于权利的批判"的讨论中已经揭示的那样，这些合法性的方面有些益处。学术团体的价值标准并非一无是处——尽管这些价值标准可能狭隘。另外，能够获得一张包票通常被认为对于支撑力求产生更大变化的努力是必要的。但是这些益处给政治运动带来了政治难题，而且到目前为止还不确定批判法学能否杀出这些难题的重围。①

依据上面的分析，总体看来，这样的批判法学研究运动可能不会是一个能不断得势的领域。然而这个有关"隐在的"动力分析却能够把我们带回更加基础的对于批判法学研究运动的观察路径：批判法学是一片政治疆域。这一分析暗示了政治与学术联姻作为批判法学题中要义之一的重要性。

此外，图什内特预测，社会学法学对批判法学的影响表明法学园地中将会涌现出一系列的联盟。②

首先，是批判法学研究运动与法律诊所的联盟。作为联盟之一方的"活生生的客户"性质的法律诊所几乎普遍地代表穷人群体。因此，这些诊所是在践行着批判法学研究运动的信徒们的政治允诺。另外，诊所是一个学生可以借以观察实践中的

---

① See Mark Tushnet, "Critical Legal Studies: A Political History," supra note.

② See Mark Tushnet, "Critical Legal Studies: A Political History," supra note.

法律的地方,同时学生们也可以领会那些他们经常见之于上诉意见中的概念如何转化为街道办事处、家庭法庭等等类似机构的行动。然而,批判法学的信徒和诊所人员很容易发现他们在流行话语上不易达成共识,相互之间差别很大。诊所人员一直在力争建立他们在学术领域的合法性。至今仅仅获得了一个立足点,他们可能有理由认为与一个自身在学术团体中就不被完全接纳的团体扯上关系使得他们得不偿失。更进一步,绝大多数批判法学研究运动的作品关注的焦点是错综复杂的保守的法律思考——像上诉意见和著名评论员的稿件中所表达的东西那样,这些与批判法学研究运动对其他学科中不同寻常的作品的使用相结合并不能轻易地与诊所人员的日常工作相吻合。这两个鹤立鸡群的(out-groups)组织之间的这样一种结盟也许有其意义,但到目前为止,组建这样一个联盟所具有的张力足以严重限制"批判法学研究运动——法律诊所"联盟的效率。

　　其次,是批判法学研究运动与少数派学者和女权主义学者的联盟。少数派学者和女权主义学者依据对主流法学理论的反对来构建出自身的实质的智识立场,在这一点上他们与批判法学研究运动相似——尽管该立场在本性上与批判法学研究运动的立场不同。另外,许多这样的学者在他们自己的工作中吸收了更多的批判法学研究运动的立场——相比其对于主流法律学术的吸收而言。这些群体通常一方面对现状很愤怒,另一方面又接受现状,"愤怒"和"接受"之间的比重与批判法学研究运动在这一点上的比重更加接近——比起他们的"比重"与主流法律理论在该问题上的"比重"之间的接近度而言。当然,这几个群体的总体议程是不相同的——这一点就像存在于任何政治联盟之中的那样。当下在法律学术圈中对势力的均衡是这样的:少数派学者们和女权主义学者们比起白种男性的批判法学者信徒们更多地从结盟中获利。尽管如此,有理由认为维持这些群体之间的政治关联的前景还是很好的。

　　最后,是批判法学研究运动和自由主义主流的联盟。许多自由主义学者有很好的理由发现批判法学研究运动的信徒们不容易相处。同时，他们知道美国的公共政策已经大幅度地倒向右派——幅度之大超出了他们觉得舒服的程度。他们意识到——即使他们不能够使自己去面对该事实的隐含意蕴——沃伦法院时代现今已经粗略地类似洛克纳时代，在成为最高法院历史上一个有趣但保守的时期这一点上。而且他们知道，他们如同他们在其他学科中的自由主义同事们一样，没有来得及提出可信的智识与政策科学从而抵御社会福利政策——在社会福利政策这一点上他们难辞其咎。在这样一种环境之下，批判法学研究运动中的人们退而求其次——把自己作为自由主义主流天然的政治同盟军。

将批判法学研究运动所处的智识环境与外在的政治环境结合起来，人们或许会理解为什么批判法学研究运动有望保持住作为法律学术领域内兼职领域中的一分子的地位——地位不会更好了。当然在一种意义上，这证明了批判法学研究这一工程力图建立一片支持法律学术领域中左派的政治疆域的努力是成功的。这里的暗示之一是普遍的要求解散批判法学研究运动的声明，因为批判法学研究运动仅仅是法律现实主义加上一种可有可无的政治观，而且是毫无指向的——因为"我们现在都是法律现实主义者了"。上述第一点或许是准确的，但第二点在图什内特看来并非如此。20 世纪 70 年代耶鲁法学院教的那些东西以及耶鲁法学院教员们现今写的东西或许给法律现实主义的后继者们提供了合法性论证，但是批判法学研究运动设法成功地复活了一种与法律现实主义有关联的关于法律的观点——这个观点已经销声匿迹一代了。①

---

① See Mark Tushnet, "Critical Legal Studies: A Political History," supra note.

第三章　肯尼迪对法学院教育的批判

第一节　肯尼迪与变迁中的美国法学院

一、肯尼迪的法学教育研究

2007 年,肯尼迪的《法学教育与等级制度再生产:一次对体制的批判》①由纽约大学出版社推出上市。但这仅仅是一本市场意义上的"新书",早在 1983 年肯尼迪就私人印发了一本同名的小册子,并且在当时法学界引起了不小的波澜。主流法律学刊上亦有四篇相关评论发表,这对一本非公开发行的作品来说是未有先例的。马克·图施奈则指出即使在今天这本书对于将来的法律学生以及律师来说也是颇有裨益。因此此书虽是新瓶装旧酒,却恰似陈酿一般历久弥香。

而且很少有人注意到,肯尼迪的学术生涯其实也是从法学教育开始的。他最早公开发表的法学论文就是于 1970 年刊登在《耶鲁法律与社会行为评论》上的《法学院是如何失败的:一次批判》。② 从近 40 年前一直到现在,法学教育依然是肯尼迪所热心关注的问题,这也为我们了解他的学术思想提供了一个线索。其实只要浏览一下肯尼迪的著作年表,我们便可以发现

---

① See Duncan Kennedy, "Legal Education and the Reproduction of Hierarchy: A Polemic Against the System", New York University Press, 2007.

② See Duncan Kennedy, "How the Law School Fails: A Polemic", Yale Review of Law and Social Action 71, 1970.

法学教育构成了肯尼迪学术研究一大领域。从 1980 年开始，他还相继发表了《作为政治行为的法学院一年级教育》（1980）、《对原则的反抗：从公司法内部进行改造》（1981）、《作为等级制度训练的法学教育》（1982）、《法学院结构的政治意义》（1983）、《法学教育中的自由主义价值》（1986）、《律师对其案件正义的责任》（1987）、《自由主义管理模式》（1990）、《法学界内平权行动的一个文化多元案例》（1990）、《将课堂政治化》（1995）、《美国法学教育中的社会正义要素》（2001）以及许多座谈会讲稿、访问稿，以及为他人而写的评论或前言。

　　大部分有过法学院经历的人都会对关于法学院体制的批判持有或多或少的兴趣。而肯尼迪从进入耶鲁法学院学习到被聘到哈佛法学院任教，迄今已逾 40 年，因此他对法学院本身的关心并不会让人感到意外。而且任何关注政治以及社会结构的人都不会忽略教育在国家生活中所起到的作用。一方面学校中所传授的知识直接影响到国家多个方面的运作与协调，另一方面在学校中接受教育的学生是未来的社会主体，他们对社会现状的态度也将决定国家的走向。因此对于肯尼迪这类把政治与学术紧密联系起来的学者来说，教育也从来不是无足轻重的问题。

　　在肯尼迪众多关于法学教育的论文中，有些词是值得我们去注意的。例如反复出现在文章标题中的"批判"（Polemic）和等级制度（Hierarchy），前者大概是为了显示自己的火力强劲，而后者则体现了马克思主义研究方法对肯尼迪的影响。根据社会权力支配关系的不同，社会中的各种主体可以被放置到不同的层级之中，而这种方法也被肯尼迪应用到了他对法学院体制的批判中来。

　　肯尼迪的权力支配关系研究主要基于自己在法学院学习、生活以及工作的亲身经验。所以在许多时候他谈的是自己（感想和体会），而在另外一些时候谈的则是他人（包括同学、同事、学生以及其他法学院工作人员）。而肯尼迪也不讳言自己的主

观倾向性。特别是当他把学生、教师分
成若干种类以便分析时，他也坦言这更像
一种不太专业的心理分析。但肯尼迪敏
锐的视角以及深邃的洞察力完全有能力
让读者几乎忘却这些论证上的"瑕疵"，
而深深地被他那充满激情却又近乎"冷
酷"的批判所吸引。因此肯尼迪这种看
问题的独特方式，也是与他个人的成长环
境与经历分不开的。

年轻的肯尼迪

　　他的少年时代是在没有姐妹的家庭、风气进步的初中、寄
宿学校以及社区中度过的，而这些地方是他"受压迫"经验的直
接来源。在学校里，他遇到的是不同年级之间的冲突、男生小
团体中的暴政、异性之间的斗争和引诱；而在邻里关系中，他看
到的阶级冲突则表现为低收入天主教家庭的白人男孩压迫高
收入新教家庭的白人以及犹太人孩子。① 一个十来岁的孩子就
能对身边的社会作出如此程度的观察，这不得不给人以深刻的
印象。而这种缜密观察的习惯自然也被肯尼迪带到了耶鲁法
学院和哈佛法学院。因此肯尼迪在法学教育上所作出的贡献，
实际上也是他必然会去完成的工作。

二、变迁中的法学院问题

　　1967 年肯尼迪来到耶鲁法学院攻读法学学士学位（LL.
B)，这也是他与法学结缘的开始。在 60 年代，无论是美国社会
还是法学院都在经历着巨大的革新与变迁。这是美国历史上
一个充满着传奇、梦想与动荡的时期。种族冲突、民权运动、越
南战争以及冷战危机，这些不乏戏剧性的历史事件在改变美国
人日常生活的同时，自然也波及法律人的世界。许多社会问题

---

　　① See Duncan Kennedy, "A Critique of Adjudication: fin de siècle", Harvard U-
niversity Press, 1998, p. 7.

都急需进入法律程序予以解决,而法律职业者也面临着越来越大的压力和挑战以应对如此纷繁复杂的现实。在肯尼迪就读的 60 年代末,法学院的未来仍然并不明朗。各种政治上的以及其他社会力量都试图影响到法学院的未来,因为在美国这样一个将法律有些"神圣化"的国度,法律的未来很大程度上也就体现了社会的未来。

　　受经济发展的带动,学生进入法学院的动力也随法律职业市场行情的走势大大看涨,学费同样也一路水涨船高。从 60 年代末到 70 年代初这短短几年的时间内,参加法学院入学考试的人数翻了一番。从 20 世纪 50 年代开始,美国法学院教育开始将 3 年制大学本科教育规定为法学院入学的必备资格,全国法学教育的体系逐步开始统一和规范化。法律概论课程、法学院一年级助教的使用、法律技巧课程、问题法以及临床法律教育成为 50 至 60 年代最为重要的改革。[①] 研讨课成为法学院教育的主要特点,特别是讨论案例时的"对抗法"教学被广泛引入课堂,学生们被分成两组分别扮演诉讼双方的角色,而这主要目的就在于让学生能够拥有更多从事实际业务的能力。

　　改革虽然一直在进行中,法学院内外对教学状况的不满也一直没有停歇。例如尽管临床法学教育开始大量被引入法学院教育体系中来,辅导临床项目的老师在许多法学院的地

耶鲁大学法学院

---

　　① 罗伯特·斯蒂文斯著:《法学院》,中国政法大学出版社 2003 年版,第 290 页。

位仍相当于二等公民。法学院的骨干教师仍然固执地认为临床教学法并不是真正的实践,对学生了解社会问题也没有太大的意义,而且还造成教育经费的大量流失。① 而波斯纳也指出尽管法律职业从 20 世纪 60 年代开始已经具有相当高的职业化程度,但法律教育仍然是法律行业诸多部门中最不职业化的一个。在当时甚至还出现了有法律实务经验的教授回流到市场中去的倾向。② 因此法律教育在学术追求与实践需要之间出现了难以磨灭的裂痕。

由于法学院在 20 世纪 70 年代已经成为进入法律职业的唯一渠道,美国的法律界特别是律师界对法学院没有达到他们的预期目标而越来越感到不满。这也是为什么律师行业对法学院教育越来越关注的重要原因。许多律师都对法学院课程设置的陈旧感到愤怒,因为他们发现现在学生在学校所学的那些课程,与他们自己在法学院读书时所修的课程相比竟然连名字都没有太大的变化。此外,法律实务界与法学院之间的矛盾还体现在法学院不能向学生进行有效的职业道德教育。守旧且孤傲的法学院对道德说教历来没有太大的兴趣,他们认为学生的道德品质只能是在家庭、中学以及大学的生活中形成的,苏格拉底教学法根本无法完成陶冶道德情操的任务。③ 法学院的这种毫无道理的清高,也引起了肯尼迪极大的不满。④

因此法学院教育问题本身就是一个长期积累的综合体,而且一直深深地影响到美国法律制度的方方面面。肯尼迪的法学教育问题研究,也正是在这个大的背景下从他自己即所谓的批判法学的进路所作出的独创性分析。从前面所列举的文章

---

① 罗伯特·斯蒂文斯著:《法学院》,中国政法大学出版社 2003 年版,第 329 页。

② 理查德·波斯纳著:《道德与法律理论的疑问》,中国政法大学出版社 2001 年版,第 224 页。

③ 罗伯特·斯蒂文斯著:《法学院》,中国政法大学出版社 2003 年版,第 325 页。

④ See Duncan Kennedy, "How the Law School Fails: A Polemic", Yale Review of Law and Social Action 71, 1970.

来看,肯尼迪的法学教育研究主要包括:(1)法学院的等级制度关系;(2)法学院的教学方法与内容;(3)法律教学与政治的关系。本文将从法学院的人和事两个角度对他的相关研究作一个简要的介绍。

第二节　法学院的那些人

一、法学院的教师

美国并不是一个历史大国,但它却拥有一个极为优良的高等教育传统。而这个传统把教师当成大学的真正财富。因此除去流水似的学生以及与大学精神之构建并无多大关联的行政人员,教师才是美国校园的真正主人。邓肯·肯尼迪至今已经具有超过 30 年的教师生涯,但他却仍如同当年那个十来岁的小男孩,对自己生活范围中的人和事始终保持着敏锐甚至敏感的洞察力。因此对同事的观察,也构成了他关于法学教育研究的一个重要角度。至少就目前而言,的确也很少有法学教师把矛头对向自己的同僚。这一点,恐怕也只有像邓肯·肯尼迪这样浑身上下流动着激情与热血的"硬汉"式学者才能做到。而在 1970 年那篇《法学院是如何失败的》的文章中,当时还仍是学生的肯尼迪便更没有理由收敛对法学院教师群体的不满了。①

法学院一年的新生总是满怀着憧憬进入到法学院,但他们的美妙理想注定很快就在课堂上被教师们给击碎了。除了自己的同学,一年级学生们最为关注的就是法学院的教师群体。因为在未来三年里他们所能在法学院获得的东西,很大程度上都来自于教师;而最终他们是否能取得满意的成绩离开法学

---

① See Duncan Kennedy, "How the Law School Fails: A Polemic", Yale Review of Law and Social Action 71, 1970.

院,同样很大程度上也是取决于教师们。然而尽管教师们彼此之间具有很大的差异性,学生们很快便发现在课堂上的他们却都具有相同的共性,法学院教授最大的特点就是要么在智识上有令人惊异的自信,要么就是毫无根据地自命不凡。新生们发现法学院的教师似乎都很喜欢在课堂上自我炫耀,仿佛自己从事着的是世界上"最了不起的工作"。而且教师们甚至会毫不避讳地指出,除了法律,其他所有学科(disciplines)都是毫无价值的,以及从事其他那些专业的学者其实也都是傻瓜。

但自负并不是新生们眼中教师最大的缺点。事实上学生最为惧怕的,就是教师们那似乎难以遏止的敌意。在学生心目中,教师实际上已经成了自我优越感极强(condescending)的或者说态度蛮横的家长。许多学生很隐晦地说:"他是如此出色,以至于没有理由来顾及我的存在。"或者"他的确不是什么好人,但我只是暂时离不开他而已","可以理解,他会鄙视每一年进来的一年级生"。而有的老师甚至让学生感到班上所有人都不讨老师喜欢。肯尼迪指出这种现象在一年级学生中尤为普遍。高年级的情况虽然好一些,但也只是程度问题。敌意似乎已经融入教师所说的每一句话中。①

这种"暴行"主要是在适用苏格拉底教学法的课堂上体现出来的。教师们的攻击性不仅仅体现在言辞上,他们的肢体语言以及表情同样具有杀伤力。大多数教师都没有意识到他们造成的这种效果。不同学习能力以及性格的学生都觉得苏格拉底教学法实际上是一场血腥的暴行(assault)。在捉摸不透的问题前,学生身心都面临着巨大压力。因此在第一学年的课堂上,知识带来的冲击与老师带来的恐怖是并存的。学生甚至觉得教师想要伤害他们。在学生看来,有些老师是可以接近的(accessible),而有些则不行。这里所谓的不可接近就是指教师

---

① See Duncan Kennedy, " How the Law School Fails: A Polemic", Yale Review of Law and Social Action 71, 1970.

给学生的感觉是冷漠以及轻蔑。在可以接近的情况下,教师则像是变了一个人,热情得甚至令学生感到眩晕,而之前课堂上的举止和神态顿时烟消云散。肯尼迪觉得这种师生关系很大程度上是因为学生过于软弱和消极,以至于没有把教师当成普通人对待。但这样的待遇也只是少数优秀学生才能享受。对大多数人来说,课堂就是感受"法律统治一切"最好的地方。

肯尼迪指出他不想分析敌意到底是不是有效的教学手段,他也不想把所有教师都描述成虐待狂。事实上他也注意到教师也在有意识的克制愤怒情绪,例如在说了一些激烈的话后会很快道歉。肯尼迪也相信法学院的大多数老师是爱自己的学生的。也有少数教师意识到他们的同事是这样对待学生的。也更不会有人同意这种品质是教学中的重要元素。许多教师都承认自己无论在课堂上还是其他场合都是很有攻击性的。因此他们也应该意识到课堂上的攻击性肯定会给学生带来伤害。①

这篇文章发表之时,肯尼迪已经是三年级的学生了,但显然他对刚刚过去的"惨状"仍然是记忆犹新。他指出文中所作出的相关描述,并不是想要作简单的发泄,因为他认为这就是事实,虽然还不是法律证据意义上的事实。肯尼迪指出教师们最大的过错就在于对自己行为的后果毫无意识。他们忽视了自己教职的义务,对学生造成了伤害,因此他们和学生一样也是失败者。

接着肯尼迪对这种现象给出了解释。首先法学教师也都当过法学院学生,法学院学生本来就很有侵略性,当他们成为老师后,过早的成功会导致他们脱离"真实的世界",因此开始狂妄自大。② 肯尼迪坦言自己也是一个很有侵略性的人。而这类

---

① See Duncan Kennedy, " How the Law School Fails: A Polemic", Yale Review of Law and Social Action 71, 1970.

② Duncan Kennedy, " How the Law School Fails: A Polemic", Yale Review of Law and Social Action 71, 1970.

人往往都希望把自己的激情注入到建设性而非破坏性的事业中去。法律教职于是就成了一个非常有诱惑力的选择。许多教师认为自己必须表现得强硬，只有这样才能压制住同样具有侵略性的学生。其次，尽管老师群体内部存在着巨大的差异性，但他们之间的相似之处仍然也有许多，而这是由在同一个制度体系内任教、遵循着一个共同的规范(manner)而必然导致的结果。因此肯尼迪一方面对教师们的"师德"作出了批评，但矛头却悄悄地转向了更为根本的法学院体制问题。

二、法学院的学生

邓肯·肯尼迪对于法学院学生的"描述"同样尖锐而不乏犀利的批判，甚至这里还具有一定程度的自我剖析。他认为一年级学生同样具有十足的"侵略性"，而且至少在这方面不会比老师逊色。肯尼迪承认自己在一年级也经常嘲笑别人(后来他也为此而感到后悔)，但他坚持认为是教师激起这一连串侵略性行为，因此教师应当承担更多的责任。肯尼迪在这里主要关注的是学生为什么会屈服于教师，屈服于法学院这一套不合理的压迫人的等级制度。

肯尼迪认为法律学生侵略性远远超过其他专业的学生。而这一事实所反映出来的问题，是法学院学生之间都给予了对方极大的压力。也就是说，学生的侵略性其实是压力过大所致，而且可以肯定地说，是法学院教育体制造成了学生在就读期间负有如此巨大的压力。由于学校根据学生对"法律知识"的掌握情况给出了不同档次的分数，学生必然要被分入不同的层级之中，而这种层级同样属于法学院人为制造出来的"等级制度"。为了避免受到来自同学内部的"压迫"，法学院学生就必须格外地刻苦学习。当时有老师这样说："我们给二、三年级学生充实各种法规知识，但学生取得法律知识所付出的能量却非常高,以至于每次准备付出所需能量的想法都极其疲劳。"①而20世纪70年代有调查显示,学生经过第一年学习之后,精力就会严重地下降。② 第一年的法律学习令人精疲力尽,但法学院学生大多数都想成为律师而非学者,甚至对那些优秀学生来说亦是如此,所以他们这种努力的付出很是有些"心不甘情不愿"的情绪。强大的压力、不满的情绪甚至包括课堂竞争的需要,都使得法学院学生变得侵略性十足。

根据由考试成绩在学生内部划出的不同等级,肯尼迪着重分析了两类学生:一类属于中线以下,另一类属于最顶端的那四分之一。③ 而肯尼迪的分析是不是价值中性的,因为他认为这两类"典型的"学生都存在严重问题:他们缺乏人格上的完整性(wholeness),没有持续性的自知之明(self-knowledge)和责任感。因此他们的自我评价是不可信的,甚至是虚假的。法学院的学生都极为优秀,但与其他许多有天赋的年轻人一样,当面临人生重大选择的时候,就变得优柔寡断和缺乏自信。

就第一类学生而言,他们进入法学院的动力大多是想成为律师(成功的,但不一定是著名的)。刚进入法学院的时候,他最渴望的是学习,而且并不知道与那些传说中的优秀学生相比自己会取得什么样的成就。他们具有在法学院的成绩竞争中取得成功的能力,但可惜的是他们却并没有养成获取高分所需要的侵略性习惯。在整个一年级中,这类学生都被两种感觉所撕扯。一是强烈地感觉到自己没有能力实现目标,一是盲目地自信,觉得努力学习能让他挺过来。当他最后得到一个中等成绩时,他也就坦然接受了这一现实。于是在接下来的法学院学习中,这类学生成绩也不会有什么改变,但是潜在的态度却在悄悄发生变化。无论是对法学院还是对法律他都漠不关心,甚

---

① 罗伯特·斯蒂文斯著:《法学院》,中国政法大学出版社2003年版,第336页。

② 罗伯特·斯蒂文斯著:《法学院》,中国政法大学出版社2003年版,第319页。

③ See Duncan Kennedy, "How the Law School Fails: A Polemic", Yale Review of Law and Social Action 71, 1970.

至开始有点玩世不恭(cynicism)。① 他们像躲避瘟疫一样躲避老师,而且由于很少为课堂报告作准备,他也显得与苏格拉底式教学法格格不入。这种"非暴力不合作"态度让教师感到很无奈,而且还有些惊讶地发现这类学生事实上也沾染上了教师的作风:他们居然也学会了许多法学院教授所特有的花言巧语以及那些哲学和道德上的偏见。但凡是课堂上老师们宣扬的那些东西,他不管懂或不懂都一并接收;法律知识也完全是机械性地被他们塞进大脑,而不作任何个人态度上的评价。

肯尼迪认为这类学生事实上已经击败了法学院。② 他们最终得到的是法学学位(LL. B),以及熟练操纵法律知识的技巧。在职业上这些人当然可以非常成功,但他们将终生难以忘却法学院的那段生活给自己带来的是无法逃避的沮丧和失败。也正是这一类学生在日后回忆起法学院生活时会把这种愤懑的情绪释放出来,他们会说:法学院教给他的东西完全与真实世界(法律实践的世界)无关,我在那儿什么也没有学到。因此法律实务界与法学教育之间的隔阂与对立很大程度上是由这类学生所渲染出来的。

但肯尼迪批判了这种愤懑情绪对事实的"渲染"。即使肯尼迪对法学院教育同样持否定态度,但他还是客观地指出,这些人并没有诚实地表述出自己在法学院的真正得失。那么这些人在法学院到底失去了什么呢? 首先,这些人受到了教师们很大的影响,甚至可以说是被洗脑了;其次,他们的确是学到了一些法律知识,即使当时不明白,但在以后却能发挥作用。肯尼迪认为如果这些人只是单一强调自己在法学院的付出,而不承认自己也有受益这一事实,那么就是人品恶劣的表现了。

第二类学生必然是成绩优秀的,而且大都是法学院学术杂

---

① See Duncan Kennedy, "How the Law School Fails: A Polemic", Yale Review of Law and Social Action 71, 1970.

② See Duncan Kennedy, "How the Law School Fails: A Polemic", Yale Review of Law and Social Action 71, 1970.

志的编辑。他们的数量以及质量如何往往是衡量法学院水平的一个标准。他们是法学院的宠儿,有更多的机会接触老师,并且大都能够得到友善的回应。他们尽可能参与课堂讨论,并且取得了很大成功。但让肯尼迪感兴趣的是,这类学生在法学院开发出了两种处事方式,而且为之所自豪。

在教师以及未来的雇主面前他都表现得举止恰当,而这种气质正是律师行业所需要的。这类学生能很好地掌握知识,也可以在与他人交往时摒弃掉自己的情感。这也是肯尼迪所说的"公我"(public - self)。然而这类学生还有一个"私我"(private - self),当他独自一人或者没有学习的时候,会陷入一种茫然不知所踪的困惑。① 所有法律学生都有自己的私人生活。现在问题是这类学生认为自己必须过着这种双重生活。在公共场合,他们会变得越来越克制以及越来越有侵略性,而且也越来越不诚实,越来越得不到情感上的满足;他的私人生活被学习以及实习所带来的大量紧张和感伤所充斥。

因此这类学生同样不会对法学院产生真正的归属感。法学院仅仅是他们需要戴着"公我"面具小心翼翼为人处世的地方而已,而不是他们心灵上的家园。而且与第一类学生相似的是,即便在将来的职业生涯中取得了成功(这种可能性极高),他们也很少会把功劳记在法学院上。他们并不承认法学院学

哈佛法律评论

HARVARD LAW REVIEW
侵权法学精粹
Selected Essays on the Law of Torts

哈佛法律评论

---

① See Duncan Kennedy, "How the Law School Fails: A Polemic", Yale Review of Law and Social Action 71, 1970.

到的那些知识是他们成功的原因,如果非要说有贡献的话,那么法学院也仅仅是为他们提供了一个操练"公我"应变能力的场所而已。

于是通过对这两类学生的分析,肯尼迪毫不客气地揭露出那个年代法学院学生所普遍具有的虚伪气质。学生们在法学院学到的不仅仅是应付考试的技巧,而且还学会了不诚实(就法律职业而言),他们把自己的政治和意识形态倾向巧妙地掩盖在一套"不容置疑的但却又充满漏洞"的话语体系中。① 总的来说,在学习法律时的20世纪60年代末,法学院学生对社会的关注远远超过60年代初期的学生。他们的政治信仰大都倾向于左派,而且普遍对法学院的教育现状有抵触心理,特别是对案例法教学与苏格拉底式教学存有敌意。② 然而具有讽刺意味的是,这些学生们在法学院就读时所信誓旦旦表露出的政治倾向往往与他们日后在实际生活中的选择南辕北辙。许多学生在强调自己愿意投身于民权事业的同时,也希望能挣到至少与前辈们同样多的收入。

可以看出,法学院学生对法学院的感情是一种爱恨交织的奇怪混合物,一方面他们对法学院的许多事情深恶痛绝,但另一方面他们却又为能成为法学院的一员怀有较高的优越感,因为法学院(特别是耶鲁这样顶级法学院)给他们带来的是充分的社会认可和成功保证。而从这里也可以看出,法学院学生被彻底地"等级制度"化了,他们把在法学院竞争的那套本领应用到社会之中,从而希望获得较高的社会地位。在这个时候,他们刚进入法学院时从怀有的理想又到哪里去了呢?

---

① See Duncan Kennedy, "A Critique of Adjudication: fin de siècle", Harvard University Press, 1998, p.7.

② 罗伯特·斯蒂文斯著:《法学院》,中国政法大学出版社2003年版,第319页。

第三节　法学院里的那些事

一、"苏格拉底"的陷阱

有人评论说，法学院实在太枯燥了，学生在第一年学业结束后所学到的唯一技巧就是如何去应付课堂教学。但对法学院学生来说，如果法学院的生活仅仅是"枯燥"而已，那么这也就与伊甸园相差无几了，因为伊甸园里并没有苏格拉底教学法。

案例讨论式的教学法必然会导致让学生感到侮辱（humiliate）和恐怖。教师们完全意识到了这一点。而肯尼迪想要批判的，是教师们利用这种恐怖效应来达到自己的教学目的，而不顾这种手段是否必要。之所以教师能够有"权利"无视学生们的情感，也正是由师生之间的等级制度所造成的。根据肯尼迪的分析，学生与老师之间的关系首先是一种等级制度，并且通过两种方式来使学生接受这种等级下的统治。首先，老师与学生之间建立的是一种类似于法官与律师的关系。律师的责任在于按照法官的标准提供法官所需要的材料，并以此从法官那里换取自己所想要的东西。其次，老师与学生之间建立的是导师与学徒之间的关系，教师在这里具有父权式的权威。①

肯尼迪具体分析了教师在课堂上"折磨"学生所惯常使用的一些"伎俩"。其中就包括"冷－热案例"法。冷案子是指技术性强、枯燥乏味而且困难的法律案件，冷案子往往并不涉及政治或者道德以及情感冲突，学生需要做的首先只是了解事实，但接下来老师会如何提问以及希望得到什么样的回答，学生是很难揣测的。热案子则是指那些具有离奇案情或者愚蠢

---

①　See Duncan Kennedy, "Legal Education and the Reproduction of Hierarchy", Legal Education. (1982).

司法意见的特殊案件,而这类案子的讨论重点往往是人们的第一反应在法律上看是如何的错误和愚蠢,也只有克服了那些外行的情感学生才能真正成为"法律人"。① 当教师将这两种案件组成混合双打应用到课堂上时,学生们遇到的困难之大可想而知。而且这些案例都是经过长期教学经验筛选出来的,教师对案件的每一个细节以及可能出现的问题点(issue point)都了如指掌,学生即使作了精心的课前准备也几乎不可能站在与教师齐平的对话水平线上。因此这种貌似发挥学生主动性的课堂实质上仍是教师一人操控的剧场(区别仅仅在于教师之间不同的操纵能力与手腕),学生真正学到的是像福尔摩斯一样去分析教师的思路的蛛丝马迹。正如前面所提到的肯尼迪对教师的分析,苏格拉底教学法赋予教师们自我无限膨胀的空间,而教师们的自负以及侵略性完全是建立在这种不平等的教学关系上的。教师们甚至会去精心钩织巧妙的陷阱,从而更好地控制学生。

法学院这种不平等的等级制度,使学生在学习中首先面临一个服从与否的抉择,从而在心理甚至道德上陷入了进退两难的局面:一则他(她)必须硬着头皮进入到苦涩的法律园地中去,把教师的标准当成唯一正确的标准;二则与此同时还需要与自己的过去作一个痛苦的决裂,因为过去的"非专业化"自我在法学院内只能意味着失败。经历这一过程必然会留下累累伤痕,因此从一开始法律学生们就尝到了"失败"的滋味。而这种创伤在肯尼迪看来完全是政治右翼的集权政治理念在法学院的再现。② 学生们早在进入社会之前就被法学院所"异化"(alienate)成体制的"奴隶"了。而当他们走向法律职业时,又会自然而然的把这一套权力支配法用到客户以及其他需要帮

----

① See Duncan Kennedy, " Legal Education and the Reproduction of Hierarchy", Legal Education. (1982).

② See Duncan Kennedy, "The Liberal Administrative Style", 41 Syracuse Law Review 801 (1990).

助的人身上。法学院与社会等级制度的无休止的互动，也正是肯尼迪指出的"再生产"。① 因此课堂是法学院的缩影，法学院是社会的缩影。如果要想改造这个不平等的社会，那么肯尼迪需要做的就是先改造这个不平等的法学院，而要想改造这个不平等的法学院，就必须从改造这个不平等的课堂开始。

二、课程与政治

鉴于法学院教育与法律实务的脱节，各种对法学院的教育很容易就集中到课程设置上来。美国法学院协会课程委员会的主席在1968年（肯尼迪的二年级）的一次报告中指出："法学院必须在近期内对课程设置作出根本性的变革。因为现在全美的学生都在进行公开的抵制，而且还有一部分老师，特别是青年老师（肯尼迪也将加入到他们的行列）也持有相同的态度。他们认为法学教育太严格、太一致化、太狭隘、太单调，而且年限太长。"②有人评论说，"法学院实在太枯燥了，学生在第一年学业结束后所学到的唯一技巧就是如何去应付课堂教学"。

邓肯·肯尼迪最后的确加入了这一行列。但他提出的问题不仅仅是法学教育与法律实务之间的沟壑，而且还从法学院各种课程的设置以及相互关系上对法学院的权力结构作出了卓而不群的分析。在他看来法学课程完全是政治权力在法学院的一种再现，因而法学院的政治斗争也必须在这个领域展开。肯尼迪认为在法律与政策之间是不存在实质性区别的。如果法学院教师说法律推理作为一门达至正确结果的手段，其与伦理以及政治商谈具有本质区别的话，那么这也就无异于胡扯。但肯尼迪也认为学生在法学院的确学到了一些知识。例如他们掌握了大量规则、事实场景中需要关注的问题点、基本的案

---

① See Duncan Kennedy, "Legal Education and the Reproduction of Hierarchy", Legal Education. (1982).

② 罗伯特·斯蒂文斯著：《法学院》，中国政法大学出版社2003年版，第319页。

例分析能力以及适用规则时的正反政策观点。因此当一年级新生学会利用法律知识而不是自己的正义观念来解答法律问题时,这些技巧(skills)的确使他们取得了智识上的进步。[①] 但法学院的问题在于它利用这些知识把学生分成了不同的等级,似乎分数高的人也就具有同等水平的处事能力。于是"实际的能力"(实践上的)被"假设的能力"(分数上的)所取代。这也就导致了法学院最终传授的仍然不是实际中所需要的知识,学生为了分数而不得不减少实习以及其他与实践接触的机会。

对肯尼迪来说,关于政治的知识才是最真实而且最为实用的。他一贯主张人们警惕隐藏在法律以及司法"客观中立"外表之下的政治力量。[②] 但波斯纳将肯尼迪比做"吹魔笛的人"[③],因为他过分强调政治与政治的关联性,从而模糊了"专业"与"政治"的界限,以致会在自己并不熟悉的领域做出似是而非的结论。而如果政治话语肆无忌惮地突破所有包括法律在内的社会规范,那么我们便成了法律上的虚无主义者,甚至可能连固定的政治立场都不具备。例如肯尼迪曾联名签署了一封给参议院司法委员会主席的公开信,认为既然"我们拥有一个十分值得自豪的司法体系",那么布什政府就不应在"9·11"之后的反恐措施中打破分权制度的平衡。波斯纳不无挖苦地指出,"这位批判法学运动的领袖,可是把整个美国司法体制都看成是彻底政治化以及非正义的"[④]。

肯尼迪的法学之所以深刻,很大程度上是由于他把"政治"引入了法学,但这是否意味着他走向了法律虚无主义了呢? 在

---

① Duncan Kennedy, "Legal Education and the Reproduction of Hierarchy", Legal Education. (1982).

② Duncan Kennedy, "A Critique of Adjudication: fin de siècle", Harvard University Press, 1998, pp. 157 – 158.

③ 理查德·波斯纳著:《道德与法律理论的疑问》,中国政法大学出版社 2001 年版,第 308 – 318 页。

④ See Richard A. Posner, "Public Intellectuals", Harvard University Press, 2001, pp. 418 – 419.

《对司法的批评》最后一章以"虚无主义"为题的一节中,他的确表达了对"理性"以及法律理性精神的强烈怀疑。但他也指出,无论信或不信法律理性,这都不一定导致出纳粹主义或者斯大林主义之类的集权政治,而且这种解构性的精神往往甚至是反对集权主义的。

政治与法学的结合几乎无处不在。甚至从法学课程的设置上肯尼迪都看出了其中的关联。

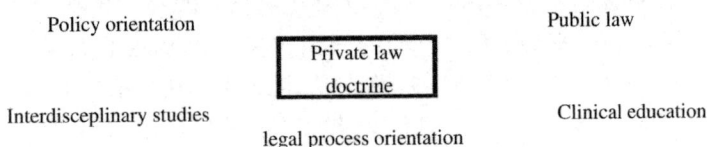

Policy orientation   Public law

Private law
doctrine

Interdisciplinary studies   Clinical education

legal process orientation

如图所示①,法学院的课程是一个环形结构。核心课程主要由合同法、侵权法、财产法、刑法以及民事诉讼法组成,而构成这些课程意识形态或者价值核心的,就是所谓的"私法原则"。这些课程是 19 世纪晚期自由放任资本主义(laissez - faire capitalism)的基础性规则。到了二三年级,学生们还将遇到一些体现罗斯福新政时期(New Deal)温和改良政策的法律。这些法律完全是在传授(teach)而非实践(exercise)中习得的。位于法学院课程外围的则是法律程序、诊所教育、法律哲学或者法律史学之类的课程,而这些课程也被认为与严格意义上的、与实践紧密相连的"真实法律"没有多少关联。② 颇有趣味的是,肯尼迪把这些课程与社会生活中的政治力量联系了起来。私法原则在政治上属于中右派(center - right),而与中左派(center - left)相对立。中左势力并不像中右派一样具有较为一致的教条纲领,它在很多大程度上是公法、法律程序、证所教

---

① 本图截自 Duncan Kennedy, "the Political Significance of the Structure of the Law School Curriculum", Seton Hall Law Review, vol. 14:1, 1983.

② See Duncan Kennedy, "the Political Significance of the Structure of the Law School Curriculum", Seton Hall Law Review, vol. 14:1, 1983.

育等等跨学科的联合。位于法学教育核心的是私法原则,而且历来也都是由它牢牢地占据着这个最关键的位置。而这种权力关系则是与美国现实社会政治力量的结构相吻合的。而这也是为什么肯尼迪鼓励教师们主动把自己的社会观点尽情地释放到一年级法学院课程中去。① 既然法学课程已经成为政治角力的"现场",那么我们为什么不干脆痛痛快快地参与到其中去呢?

第四节　法学院的出路

在肯尼迪眼里,法学院的精神(如果有的话)就是冷漠和玩世不恭。对他来说,法学院的课堂往往都是无聊和沉闷的,大多数法律学生都会经历一个美梦幻灭的过程,而这是直接导致他们愤怒和冷漠的原因。从更深远的层次来说,肯尼迪认为我们的社会早已经成为同样冷漠和玩世不恭的社会了。激情在社会中越来越少,而法学院内部的各种紧张关系其实对学生们来说已经并不陌生。法学院高强度的竞争性只是我们这个不公正的社会的一个缩影。"正义"在社会中仅仅是"权威"的包装;而在法学院情况也没什么两样,只不过"正义"被进一步包装成教师给出的"正确答案"。因此学生被迫在死记硬背的过程中学会了顺从,渐渐地忘记了自己仍然具有反抗的能力与权利。

但法学院并不是一潭死水,仍旧有许多激进主义者站出来试图反抗这一整套制度。当肯尼迪在预科学校的时候,他发现这一代学生与前代相比产生了巨大的差异。他们(包括肯尼迪自己)经常被指责为犬儒主义和消极(也就是后来所说的"沉默

---

① See Duncan Kennedy, "First Year Law Teaching as Political Action", Speech presented at the Second National Conference on Critical Legal Studies, Madison, Wisconsin, November 10, 1978.

的一代")。但却是从这一代人开始,法学院学生开始尝试着从集体意义上来抵制这个制度。这个不公正的等级制度既要求他们奉献出全部的情感和能力,又不给他们丝毫文化上的支撑(culture sustenance)或者自治权(autonomy)。

耶鲁法学院是最早将民主制度引入法学院的,学生们有权选举学校委员会并且在各种会议中拥有了一席之地。① 但肯尼迪还是指出激进主义仅仅是一次潮流:许多人都屈服了;另外一些人则逃避这种经历;还有人则经历了无意识的变异(variant),最终还是屈服了。② 而且在法学院将自己定义为激进的学生只是少数,即便他们的影响在过去两年很大,但从20世纪70年代开始它就一直在走下坡路了。但不管这些激进主义者主张的是何种价值,他们敢于挑战法学院,因此这对其他所有人都是有益的。他们主张制度所存在的缺陷是可以避免的。他们的行动以及法律对学生来说越来越没有吸引力这个事实,使得人们普遍承认"事情正在发生变化"。

就肯尼迪看来,激进主义者们之所以会失败,就在于他们把法学院的改革仅仅是看成"学术"上的进化(evolution),而不是政治意义上的革命(revolution)。既然是政治斗争,那么就必须讲究策略和手段。要解决法学院的问题,当然要对法学院进行根本的变革,但这首先需要做的第一件事就是在法学院建立一个"左翼学术小组"(left study groups),除了阅读左派作品,他们要负责组织与课堂里的权威进行抗争,改变课程设置,并且建立关注弱势群体的法律援助服务机构。③肯尼迪指出,所有关于法学院变革的设想都应该满足两个目标:一是保证职业上

---

① 罗伯特·斯蒂文斯著:《法学院》,中国政法大学出版社2003年版,第322页。

② See Duncan Kennedy, "How the Law School Fails: A Polemic", Yale Review of Law and Social Action 71, 1970.

③ See Duncan Kennedy, "Legal Education and the Reproduction of Hierarchy", Legal Education. (1982).

的成功,二是学院能够最大化智识质量。人们往往认为这是一个"顾此失彼"的问题(heads I win, tails you lose),那么现状也就不是这么严峻了(formidable)。① 但只要从把政治角度移入法学院改革之中,这种矛盾也就将迎刃而解了。

---

① See Duncan Kennedy, "How the Law School Fails: A Polemic", Yale Review of Law and Social Action 71, 1970.

第四章　肯尼迪对法律形式主义的批判

　　"在现代西方法治的历史上,有一个压倒一切并包容一切的问题,即法律中的形式问题"①,昂格尔在他的名著《现代社会中的法律》一书中如此评论法律中的形式问题,并在该句的注释中特别指出参见肯尼迪的《法律的形式主义》②这篇论文。事实的确如此,法律中的形式问题一直是法学家们着力探讨的问题,无数出色的法学家在这个问题上发表了数不尽的真知灼见。作为批判法学的"教皇",肯尼迪在这个问题的研究上也毫不逊色,本章即试对《法律的形式主义》一文进行介绍,

《现代社会中的法律》

着力分析肯尼迪是如何对法律形式主义进行批判和解构的,从而使我们能够了解肯尼迪在此问题上所持有的独到见解和看法。

　　如本书导言所介绍,肯尼迪在 1970 年到 1984 年间共发表十余部专著与多篇学术论文,正是这些专著和论文构成了肯尼迪批判法学的思想体系。他的《法律的形式主义》在 1973 年发

---

　　①　昂格尔著,吴玉章译:《现代社会中的法律》,译林出版社 2001 年版,第 196 页。

　　②　See Duncan Kennedy, "Legal Formality", 2 Journal of Legal Study 351 (1973). 对 formality 一词的翻译,国内有译者译作"形式性",在肯尼迪的该篇论文中,在部分地方的确适于译作"形式性",但在更多地方还是译作"形式主义"为宜,为统一起见,本文皆译作"形式主义"。

表于《法律研究评论》，在其批判法学的体系中这属于较早的一篇。尽管与肯尼迪后期的一些经典论文，例如《私法审判中的形式和实质》、《＜布莱克斯通释义＞的结构》和《权利问题的成本效益分析：一种批判》等相比，《法律的形式主义》还未臻成熟。但肯尼迪在这篇文章里对传统法律思维与研究范式的洞悉和重构却已天才般地展露无遗，他的整个批判法学思想在这篇文章里也可以说是端倪尽显。

第一节　自由主义进路和批判主义目的

同美国论文的写作方式相一致，肯尼迪在他的文章的前言部分里即已较为详尽地阐明了文章的主题，并且对一些通常概念和自创概念进行了明晰和界定，在此基础上，肯尼迪表达了他对法律形式主义批判的基本进路和大体目的。

一、形式主义模型：从"形式主义困境"到"第三条道路"

肯尼迪把古典自然法的正义理论作为整篇文章论证的起点，即从社会契约论的角度进行分析，只有当人们之间缔结了契约之后才有不正义一说。这是因为，不正义的界定是看人们的行为是否违反了契约，"由于权利事先已经放弃或转让，所以这种妨碍便由于不具有权利而成为不公正或损害"①，而在人们没有缔结契约之前，人人都是自由的，不正义的行为也就无从断定。由此可以看出，肯尼迪的契约论观念来自于霍布斯，在他的该篇论文中，数次引用或是提到霍布斯的学说及其专著《利维坦》。由于语言及文化传统等因素的影响，肯尼迪的法律思想显然与英美的传统法学家一脉相承，而与欧陆法学家的联系则相对没有那么密切。

众所周知，社会契约论的典型代表主要集中在古典自然法学的一些著名学者身上，主要有格老秀斯、霍布斯、洛克、卢梭、斯宾

①　霍布斯著，黎思复、黎廷弼译：《利维坦》，商务印书馆1985年版，第99页。

诺莎等，他们都赞成社会契约论，但对社会契约论的起源及其性质的认识却迥然有异。这种认识的差别首先即集中在对"自然状态说"的描述上。要考查肯尼迪对形式主义起源的重述，就有必要首先探究肯尼迪对自然法学家理论的继承和阐释。

荷兰的国际法巨擘也是最为重要的自然法学家格老秀斯认为，在文明社会之前的人类处于一种自然状态之中，异族及其他动物的侵袭使人类的安全无法得到保障，在理性的启示下，人们通过契约进行联合。联合的具体方式即每个人将其所享有的自然权利放弃，并将其交给少数人。通过这种契约建立起国家，少数人通过法律和强力维护人们的利益。从这种自然状态观的描述中，格老秀斯的国家

格老秀斯

观和法律观的精义不言而喻，即国家的根本任务就是维护公共安全，保障人们的最根本利益。肯尼迪在对法律作用的评论中认为，对安全的维护是法律作用的两大进路之一，另一大进路则是维护利益。在此，安全的界定有别于利益，即安全更侧重于从人们对自身消极方面的追求，而利益更侧重于人们对自身之外的事物的积极追求。

当然，肯尼迪在对法律维护安全的论述中并非与格老秀斯的观点全然一致。因为格老秀斯只论述了在自然状态中人们易受外族及其他动物的侵袭，他的着眼点只关注了人们群体的外部，却忽视了内部；肯尼迪则显然全面继承并总结了各种内、外部的观点。事实上，人类群体内部的冲突远远高于外部的侵害。原因首先在于，随着人类社会的进步，动物的侵害性已越来越小，在人们有能力战胜动物之后，这种契约论的解释力也越来越小；其次，

就国家的早期形式而言，在国家起源之时，人们订约都有着一定的时空范围，在生产方式和交往方式都还很不发达的情况之下，异族的侵害既非群体内部矛盾那样经常，也没有内部冲突和矛盾那样紧迫。因此，相对而言，从内部安全和利益的需要去解说法律，这种进路才具有更大的意义。霍布斯的契约论正是坚持了这种观点，而肯尼迪也在论文之中处处高扬着霍布斯的理论精神。当然，霍布斯的理论远非这一点，他的自然状态学说在古典自然法学家中堪称无人可望其项背。

霍布斯认为，人是生来自由平等的。在自然状态之下，人人有绝对的自由做他愿意做的事情，任何人都没有受制于其他人或机构的义务。人不但在资格上是平等的和不受制于外物的，人的实际能力也是相同的，自然使人在身心两方面的能力都十分相等，"有时某人的体力虽则显然比另一人强，或是脑力比另一人敏捷；但这一切总加在一起，也不会使人与人之间的差别大到使这人能要求获得人家不能像他一样要求的任何利益"[1]。因为就体力而言，体力的差别在人们之间造成的影响并不具有根本性，弱者完全可以通过阴谋诡计或是通过联合他人打倒强者；就智力而言，在没有开化的自然状态下，人们的智力主要来自于经验，但由于人们在相同时间内从事相同工作所获得的经验不会有太大差别，因此人们的智力也是大致相同。如此来说，人人自然都有捍卫自己利益的能力，也有同等的篡夺他人利益的能力，但是，在这种自然状态之下，人们相互之间为什么不是达到一种相对和平的"恐怖平衡"，而是"在没有一个共同权力使大家慑服的时候，人们便处在所谓的战争状态下"[2]呢？

肯尼迪贯串全文的论述可以说都是从霍布斯的解释出发的，即霍布斯认为由于人性恶和对物的争夺造成了战争状态的产生，并最终决定了契约的缔结和国家的产生。霍布斯认为人性是恶

---

[1]　霍布斯著，黎思复、黎廷弼译：《利维坦》，商务印书馆 1985 年版，第 92 页。

[2]　霍布斯著，黎思复、黎廷弼译：《利维坦》，商务印书馆 1985 年版，第 94 页。

的，人人都是自私自利和贪得无厌的动物，对欲求的无法满足和追逐导致了人们之间冲突以致战争的产生；而由于自然状态中生产力的相对低下，物的存在表现为一种稀缺资源，既然人人都有任意行为的自由和大体相等的能力，那么对稀缺资源的争夺也必然产生冲突。人们为求利，则彼此处于竞争和冲突之中；人们为求安，则彼此处于猜疑之中，某种意义上类似于现代所谓的囚徒困境；人们为求名，就要逞武扬威。在竞争、猜疑和荣誉的追求之下，在人性恶和物的争夺之中，战争自然是不可避免的。肯尼迪从人们损人不利己和损人利己的两个维度出发，以此来论证形式主义产生的思路可以说都与此联系甚密。霍布斯的论述既开启了传统自由主义的形式主义进路，也包含了福利分析法学的现代视角，在肯尼迪的重述之中，霍布斯的"自然状态说"不断焕发出新的生机。

　　霍布斯由"自然状态说"从而导出其契约论，即人们之间为了追求和平与安全、避免冲突和战争而签订契约，将各自的权利让渡给一个人或一个具有人格的多人组成的集体，也就是说"指定一个人或一个由多人组成的集体来代表他们的人格，每一个人都承认授权于如此承当本身人格的人在有关公共和平或安全方面所采取的任何行为、或命令他人做出的行为，在这种行为中，大家都把自己的意志服从于他的意志，把自己的判断服从于他的判断……

霍布斯

这就是伟大的利维坦的诞生"①。当国家由于契约产生之后，主

①　霍布斯著，黎思复、黎廷弼译：《利维坦》，商务印书馆 1985 年版，第 132 页。

权者也就获得了一种强力,这强力可以合法地控制国家的所有民众,任何人都不能违反主权者的决定。就法律而言,霍布斯认为所有法律的权威与效力都来源于人们的契约,保障于主权者的强力。只有主权者才有权制定并解释法律,其他任何机关和个人都无权制定和解释法律,因为只有主权者才具有合法性,其他机关和个人只有按主权者的意志适用法律才是正当的。

当然,在对法律形式主义的批判中,肯尼迪虽然一直是沿着社会契约论的进路进行论述,但他对社会契约论的论述并非全然重述霍布斯及其他自然法学家的理论,而是在他自己天才般的思辨中进行了重构,这在后面的章节中会有比较详细的论述。

肯尼迪在该文章中所要达至的第一个目的,即阐述自由主义理论的正义观,他指出自由主义理论的正义观认为"正义包含在规则的无歧视适用中,其合法性源自他们的共同合意"①,共同合意是自由主义理论及其催生的形式主义理论的出发点。如前所叙,这种自由主义的正义观不仅为格老秀斯和霍布斯的理论所坚持,同样也为其他自由主义理论家所高扬。自然法学派的旗帜性人物卢梭就曾指出,"我们每个人都以其自身及其全部的力量共同置于公意的最高指导之下,并且我们在共同体中接纳每一个成员作为全体之不可分割的一部分"②。自由主义思想明显的德国哲理法学家康德也指出,"立法权,从它的理性原则来看,只能属于人民的联合意志","只有全体人民联合并集中起来的意志,应该在国家中拥有制定法律的权力"③。肯尼迪在此用批判法学的眼光,敏锐地将自由主义理论中有关法的合法性的思想作为切入的突破口,从而也就抓住了自由主义法学理论中的有关正义的核心问题。如此,肯尼迪就可以在忠于传统自由主义理论的基础上对正义观进行重构,他以此希冀人们能加深对正

---

① See Duncan Kennedy, "Legal Formality", 2 Journal of Legal Study 351(1973).
② 卢梭著,何兆武译:《社会契约论》,商务印书馆 2003 年修订第 3 版,第 20 页。
③ 康德著,沈叔平译:《法的形而上学原理》,商务印书馆 1991 年版,第 139 页。

义是如何实现的理解，同时对正义为何以及是否能够如此实现进行批判和反思，从而能以此为起点推进对法律形式主义的探讨。

肯尼迪对正义的重构和批判是借助形式主义模型的运用来实现的。形式主义模型是肯尼迪提出的一个重要概念，这一概念贯串整篇文章并具有附带分析其他法律现象的功能。在对形式主义模型进行界定之前，则必须了解肯尼迪指出的"法律的形式主义困境"。"形式主义困境"是一个法学难题，一直以来无数法律人都在为解决"形式主义困境"而奋斗，但遗憾的是至今也没有人能够提出令人满意的解决方案。

肯尼迪认为，在自由主义国度里，从法律的角度来看，参与到法律中的人大致可分为三个部分，即立法者、司法者和诉讼者。自由主义的正义理论有两个假设极为重要，即国家行为只有在代表了合法统治者的意志时，其实施强制个人的行为才具有合法性；另外，合法统治者的合法性则源自代表契约缔结者的公意。通过一步步的让渡和传递理论，自由主义建构出其正义的实施系统，这一实施系统的运作主要借助于多数决主义以及复杂的宪政体系。

在这种正义的传递和实施系统中，形式主义的困境立马就展现了出来。即立法者是通过民主选举产生，他们代表着民意；司法者却并非民主选举产生，他们不但是独立的，而且往往体现出反多数主义倾向。但恰恰是表面上看来与民意和正义相隔甚远的法官在执行法律的适用，如此一来，法官在执行法律时能否代表民意和正义就是有一个很大的问题，法官的决定究竟具不具有合法性呢？

针对形式主义的困境难题，肯尼迪提出了"第三条道路"理论。这一理论的核心即认为立法者应该立出适应各种情势的法律，法官然后严格的执行法律。当然，"第三条道路"理论同伏尔泰、孟德斯鸠等人的古典自然法理论是不同的，与新实证分析理论也是有区别的，关于这些，笔者在下文都将有颇为详细的阐述。

在运用形式主义模型构建"第三条道路"理论的过程中,肯尼迪旁征博引、古今相承,综合运用了自由主义的三大理论,即霍布斯和洛克的契约政治主义,从边沁到霍姆斯直至 H. L. A. 哈特的法律实证主义传统以及 J. S. 密尔和科斯等人的福利经济分析方法。当然,肯尼迪也不会忘记运用当代社会的最新理论成果,"司法能动主义"和"司法角色主义"的影子在整篇文章中也隐约可见。此外,他还处处吸收自由主义批评家的洞见来充盈他的理论论证。

二、对自由主义理论法律正义观的批判

肯尼迪写这篇文章的第二个目的是要对自由主义理论进行批判。在这里,肯尼迪吸收了美国本土产生的实用主义哲学的精华,全面继承了各个时期以来法学发展的进步成果,批判了奥斯丁以来英美法系形式主义的僵化,同时更是对以德国潘德克顿为典型代表的形式主义法学进行了彻底的反驳。在广义的美国法律现实主义运动中,法律的逻辑性和稳定性受到强烈的质疑,"规则怀疑论"及"事实怀疑论"大行其道。霍姆斯反对形式主义的"逻辑",鼓吹法律中的"经验",庞德则反对形式主义"书本上的法律",鼓吹"行动中的法律";而在新自然法学派看来,形式主义的东西同样是为害甚巨,富勒反对"恶法亦法",鼓吹"法律的道德性";德沃金则反对"法律规则说",鼓吹"法律的原则"。肯尼迪借助于他所提出的形式主义模型,阐释了形式主义法学内部的张力以及其与外部事实的偏离。他认为,无论从理论上来说还是从历史实践的证明来言,自由主义理论通过区分法律的制定和适用,从而试图实现正义和民意的传递与转换,以此获得司法的合法性的做法都是失败的。肯尼迪甚至极端地强调,即使在一些法律规则适用得恰到好处以至于完美无缺的地方,法官也并不具有合法性,规则的恰当适用也不能从根本上论证形式主义的完善。显然,肯尼迪的言辞是

激烈的和犀利的，他的观点所具有的洞见力和冲击力也毋需赘言。

三、对流行司法权力观的解构

肯尼迪在这篇文章中的第三个目的是要对流行司法权力观进行解构，在他看来，尽管美国的法律人已经在不断地对司法角色理论进行批判和反思，但是没有人能够提出解决"形式主义困境"的真正办法。肯尼迪在这里的任务就是通过对这些流行的司法权力观进行解构，以此加深人们对形式主义深层结构的理解。肯尼迪这个目的的实现并不是借助于专门的一段或几段文字，而是从一开始就内含在每一部分地分析之中，对形式主义的重构之旅自然也就包括了对流行司法权力观的解构之程。

第二节　法律形式主义理论

法律形式主义理论是肯尼迪论文正文的第一个部分的标题。在这一部分，肯尼迪通过四个方面的论述全面重构了自由主义理论正义观的产生与发展，在此基础上，为我们呈现出一幅完整的法律形式主义的历史图景。

一、什么是法律的形式主义？

"形式主义是当今法理学方法中名声最不好的一种"[1]，法律的形式主义正是该篇文章所要批判和重构的对象，因此肯尼迪在正文一开始就详细阐释了什么是法律的形式主义，他的阐释是通过对两种迥然有别的决策程序的对比与分析来实现的。

法官决策的实现无疑是通过两种程序进路来实现的，即一为形式主义决策，表现为条文主义的规则适用；另一为实质理

---

[1]　帕特森著，陈锐译：《法律与真理》，中国法制出版社 2007 年版，第 32 页。

性决策。形式主义决策和实质理性决策的区别极其明显。在典型的形式主义决策中,法官的决策通过三段论的推论进行,法律条文是大前提,法官选取案件的特别要素作为小前提,此时法官决策的合理性主要取决于特别要素选取的情形。而在实质理性决策中,法官并非严格通过三段论的推论进行决策,他要不断考虑法律决策的最终目的而非局限在法律条文上。因此他的工作不是对案件要素的简单选择,而是要综合考虑案件相关的种种情势,在此基础上最终作出司法决定。

　　形式主义决策一度被人们认为是法律理性的最高表现,从伏尔泰到韦伯都有类似的论述。而肯尼迪在该篇论文中(包括论文的注释中)数次提到韦伯的观点。在韦伯看来,他盛情称赞法律的形式理性,认为形式理性是法律理性的完美实现,韦伯在谈及制定法时如此说:“只有意象阐释的抽象,才使专门体系的任务得以产生:通过逻辑的手段,让各种得到承认适用的法的规则,结合成为抽象的法律原则的一

韦伯

种本身毫无矛盾的相互联系,并使之理性化。”这种理性化的法律在思想上的要求即“1.任何具体的法律判决都是把一条抽象的法的原则应用到一个具体的事实上;2.对于任何具体的事实,都必须采用逻辑的手段,从适用的、抽象的、法的原则中得出判决;3.因此,适用的、客观的法是法的原则的一种完美无缺的体系,或者本身潜在地包含着这样一种体系,或者它本身必

须被看做是为了应用法的目的的这样一种体系"。① 用昂格尔的话说就是，"在最广泛的意义上而言，形式仅仅意味着一种法律制度的特殊的标记：追求一种具有普遍性、自治性、公共性和实在性的法律"②。

肯尼迪在他的小注里对形式理性和实质理性两个概念进行了大段的说明，肯尼迪一方面指出这两个概念既非来自政治经济学和行为心理学的传统，而是来自韦伯的论述；另一方面又特别对这两个概念在他的理解中与韦伯在《经济与社会》的理解中所存在的差别进行了考查。如上所述，韦伯详细考查了法律的形式理性的特点；同时，韦伯也对实质理性进行了界定。在韦伯的著述中，形式理性又类似于工具理性，而实质理性则类似于目的理性。韦伯认为形式理性的决策过程与实质理性的决策过程泾渭分明，所谓实质理性决策即将目的体系中的一个应用到特殊的情势中，这种应用强调目的的实现、结果的实际状况，相对并不重视具体应用的程式、总体分配的方式等；所谓形式理性即将条文机械性地工具性适用。肯尼迪承认，他对形式理性和实质理性两个概念的使用与韦伯在很多方面是相同的，但他也着重指出，他在论文中一再提出的实质理性决策和规则适用与韦伯并非全然同一。肯尼迪指出，他所谓的实质理性决策并非法官的任意决策，也非法官对某一目的的任意追求，而是具有内在规范性的实质理性决策。即一方面这种决策本质上是实质理性决策，但在一定程度上它也同时具有形式理性的某些特征。这主要体现在，这种决策必须有一定的范围和界限，或是根据一定的原则，或是根据一种客观性的标准。其实，肯尼迪在这里的标注是对他论文结论的提前说明，即在此他已将他的"第三条道路"理论的一些关键概念进行了诠释，将形式主义和实质理性主义进行了综合及扬弃。

----

① 参见韦伯著，林荣远译：《经济与社会》（下），商务印书馆1998年版，第18页。
② 昂格尔著，吴玉章译：《现代社会中的法律》，译林出版社2001年版，第196页。

肯尼迪进一步详细论述,实质理性决策的一个突出特点是决策者并不具有一个简单明了和固定的目的,他进行决策的标准是复杂的,因为他最终的决策标准是种种目的、利益、欲望和价值的综合考量。只有实现了各种标准的最佳混合并确信达到了价值最大化之后,法官才最终作出决定。肯尼迪特别举出一些例子来加以证明,比如地区规划者决定在何处建立一座大坝、一个国会议员决定如何对一个关税提案进行投票,这些例子让人能够直观地感受到实质理性决策的特点。相形之下,机械的形式主义决策则要简单得多,决策者仅仅是从法律条文出发,无须为各种标准和目的价值的最佳混合而伤神费脑,只要决策的最终结果符合条文的规定即可,他需要做的仅仅是寻找案件应该适用哪条条文。

肯尼迪针对实质理性决策的特点特别指出,人们应该关注决策者的目的是处在何种冲突之中以及如何协调这种冲突,尤其之于法律而言,这种冲突该如何解决?显然,在具体的法律案件中,法官的判决决不能像地区规划者和国会议员那样主观,即使同为实质理性决策,两者的主观性大小也是不一样的。法律的特点和目的决定了在法律案件的判决中必须具有一定的标准,哪怕是在实质理性决策的过程中,一定的标准也不可或缺。肯尼迪认为在法律案件中,法官实质理性决策所依靠的标准即是各种冲突目的的协调,这一标准比决策所需考虑的任一目的都更为一般。具体言之,肯尼迪认为这一标准的确定需要两个步骤,即首先是将该案件所需考虑的各种目的都放置在一起进行同时的考量,其次是将这些目的进行最大化的综合并得出一个相对具有确定性的一般性标准。如此,根据这种一般性标准进行的决策所产生的判决结果就不可能偏离法律的根本要求。可见,肯尼迪在这里所描述的实质理性决策即已不同于一般意义上主观性极强的主观决策,他在这里的论述同他在论文最后提出的"第三条道路"始终是紧密相联的。

但肯尼迪的这种考察却也从另一个维度说明了法律的发展

及形式主义的形成。法律的发展经历着从习惯法到成文法的发展。在习惯法的早期,或说在法律刚刚起源的时候,法律判决的实质理性决策的主观性是极强的,法律目的大致支配着法律判决。随着社会生活的日益复杂和法律的不断发展,法律目的变得更加复杂并开始互相冲突起来,法律的客观性也日益获得人们的重视。最后,在对司法专断的强烈反抗和立法技术的相对发达的情况下,法律终于在近代发展到了相对完备并且具有极强的客观性,也就是韦伯高度称赞的形式理性。这种发展的历程表明,法律的形式主义与实质理性决策并非是互不干涉的,他们之间的关系自始就是水乳交融的。

"认为实质理性程序既是社会体系又是个体心智的表现的断言,在形式主义理论的建构中是重要的一步"①,形式主义并不是完全排斥实质理性程序,相反,形式主义正是通过对实质理性的规范化和系统化,并对之进行技术性的处理才最终形成,尽管形式主义在形成之后却无法避免僵化和非实质理性。形式主义的实质是技术性的适用,它在形成之后就必定具有一定的界限,如果过多考虑案件的相关因素则易使决策变成实质理性决策。肯尼迪始终密切关注着形式主义和实质理性决策之间的关系,他一方面拒绝了韦伯将两者截然对立的做法,另一方面则小心翼翼地探求二者的统一与对立,并在这种同一与对立之中仔细挖掘各自的缺点以及有可能对之提出的批评和补救。

对于一个完备的法律体系来说,它的形式主义特征表现在如下几个方面,即就立法目的而言,法律体系必须服务于立法者所立之法,因为立法者是由选举产生,只有立法者才代表了民意,立法者所立之法正是共同意志的体现,有悖于立法者所立之法的法官法皆背离民意,因此也就不具有合法性。就过程而言,必须遵循程序正义,一方面,法律程序皆由立法者的立法

---

① See Duncan Kennedy, "Legal Formality", 2 Journal of Legal Study 357(1973).

加以规定,遵循法律程序也就代表了遵循着人们的共同意志;另一方面,遵循法律程序正是对法官个人擅断和主观主义的防止和排斥,严格的法律程序可以保证立法原意不折不扣的执行,避免人们的共同意志在法官毫无边界的实质理性决策中被蚕食殆尽。就适用对象而言,法律所要解决的是呈现于法律面前的案件,这既符合程序正义的要求,也体现着法律使命之所在。形式主义法律适用的技术性特征决定了规则适用的绝对主义,这种绝对主义要求法官遵循严格的条文主义。但是,严格的规则适用和条文主义早已展现出一系列缺点,那么,一个很大的问题就摆在人们的面前,即为什么明知形式主义会带来僵化、偏袒和其他种种不义,却仍然坚持要通过形式主义的办法来实现实质理性的目的呢? 或说,既然目的的本质是实质理性的而非形式理性的,那为什么不通过实质理性决策的手段去实现实质理性的目的,却非要通过形式理性的手段去实现非形式理性的目的? 这岂不是南辕北辙或至少可以说是绕道而行多此一举? 昂格尔的话或许可以给我们先作一个诠释,"在一个强调公平和协作的时代之后,往往伴随着一个注重形式性的时代"①。

二、形式主义的形成

人们通过形式主义的办法达至实质理性的目的并不是愚昧落后的表现,更不是一时冲动的权宜之举;相反,法律的形式主义恰恰是人们理性进化和建构的结果。肯尼迪通过对自由主义两种自然状态说的分析,深入探讨了主观与客观之间的关系,从而也就向我们阐明了形式主义是如何得以确立的问题。

肯尼迪从霍布斯的"主权论"讲起,霍布斯的"主权论"在法学界可谓家喻户晓,即霍布斯认为主权是人们为寻求安全与和平、进而维持合作体系的稳定而产生和存在,为此目的主权必

---

① 昂格尔著,吴玉章译:《现代社会中的法律》,译林出版社 2001 年版,第 203 页。

须拥有一定的强制措施。霍布斯的主权论同他之后其他的自由主义理论都与形式主义有着紧密的联系,即自然状态中的冲突使人们选择合作并建立国家,国家然后借助规则控制冲突,在这过程中形式主义的产生是不言而喻的。有关于"自然状态说"及规则形成论前文已有述及,此不赘叙。

虽然霍布斯及其他人的"自然状态说"影响深远且极具说服力,但肯尼迪对自由主义的上述观点还是产生了深深的疑虑。肯尼迪认为自由主义的观点是模糊的、不确切的,因为这种观点并没有详细阐释清楚规则到底是凭借何种程序最终产生有效的控制。霍布斯及其他自由主义理论家从规则产生前的描述直接跳跃到对规则产生后国家的分析之上,他们忽略了或是回避了对规则产生过程的分析,因此他们的描述不仅是笼统和含糊的,与此同时,他们也就不能发现规则借以形成和起作用的程序存在何种瑕疵,从而更不会对这种瑕疵进行补救性的评述。肯尼迪发现了这一点,并且从两个维度对自由主义的这种观点进行了重构,从而为详细考察形式主义的产生并对其进行批判奠定了基础。

肯尼迪从两个进路展开论述,他的这两种进路的论述既相互联系,又有着相异的理论来源。他在小注中谈到,他的前一进路主要依据洛克的自然法和福利经济学的理论传统,而后一进路则主要与法律实证主义和霍布斯的理论紧密联系。肯尼迪的目的并不是大谈特谈这两种进路的流派之间的差异,而是指出从两种进路中引申出的规则之异,即第一种进路催生出来的规则不但重视其形式也同时重视其内容,因为第一种进路中规则的产生主要借理性的设计;而第二种进路中产生的规则则主要重视规则的形式,因为其产生主要是各种相互冲突的利益之间的妥协。

一是在自然状态中,人们彼此进行囚徒困境的博弈,人们生恐别人从自己的行为中获益,结果人们往往是损人却不利己,因此需要国家和规则来协调冲突。在此,肯尼迪吸收了经济学的最新理论成果并将其成功应用在法理学的分析之中,这对于恰当并深刻的把握形式主义的产生具有极其重要的时代精神和创新意义。

囚徒困境①是博弈论的负和博弈中最具代表性的例子,它描述了个人最佳选择与团体最佳选择之间的张力,深刻反映了个体理性与集体理性之间的矛盾与冲突。这一著名的社会互动模型是由诸多学者共同发展的结果,并在社会科学领域有着广泛和深远的影响。它最初产生于诺伊蔓和摩根斯坦恩,1950年,由就职于兰德公司的梅里尔·弗勒德(Merrill Flood)和梅尔文·德雷希尔(Melvin Dresher)拟定出相关困境的理论,后来由顾问艾伯特·塔克(Albert Tucker)以囚徒方式阐述,并命名为"囚徒困境"。卢斯(Duncan Luce)和雷法(Howard Raiffa)也对此进行过详尽的阐述。

肯尼迪的理论主要源自他们。同时,肯尼迪在论文的相关注释中也简单阐释了"囚徒困境"理论、"外部性"理论和"公共产品"理论②。在自然状态之中,哪怕是契约签订之后,公共安全是典型的公共产品,人们此时的行为选择具有极大的公共外部性。如果没有合适的调控机制,人人都会进行自私的博弈行为,在竞相追求个体利益的情况下,导致公共安全的不可获得,社会的综合利益无法向最大化的道路发展,最终的结果是人们

---

①　"囚徒困境"讲述的情境大致如此:即警察抓到共同犯罪中的嫌犯 A 和 B 后,对其进行隔离审讯,此时可出现四种情形:如果 A 选择沉默,而 B 坦白并揭发 A 的罪行,则 A 判 5 年监禁,B 只判一年监禁;如果 A 坦白并揭发 B 罪行,而 B 选择沉默,则 A 会被判 1 年监禁,B 会被判 5 年监禁;如果 A、B 同时坦白罪行并相互揭发罪行,则都会被判 3 年监禁;如果 A、B 都拒不承认也不相互揭发,则最后两人都会被无罪释放。最后,根据个人利益最大化的考量,A、B 都会选择坦白并揭发,但显然这对他们当中的任何一个都不是最好的结局。当然,"囚徒困境"只是一个有着条件限制的模型,它并没有涉及嫌犯的其他考虑因素,比如嫌犯的品质、嫌犯对报复的惧怕等等。

②　参见乔·史蒂文斯著,杨晓维等译:《集体选择经济学》,上海三联书店、上海人民出版社 1999 年 12 月版。

之间的不合作导致共同利益的极大损失也即损人不利己的负和博弈。

对于这种负和博弈结果的抑制，现代经济学家们已经发展出比较完善的应对理论，主要包括：通过国家设计出合理的调控政策和法律；通过抑制和诱导来解决囚徒困境和负和博弈局面的出现。对于自然状态中的人们来说，他们首要的步骤无疑是建构出一个具有此种权能的机构，然后由该机构制定出相应的政策和法律，即特定的规则，来为人们定分止争，从而获致私人想关心但一般不会太关心的公共产品——公共安全和共同境况的改善。这一机构的诞生正是国家的诞生，而特定的规则的产生正是这种自由主义理论对规则产生路径的一个清晰的论述。"国家的基本原理，正是借助于颁布并实施这些特定规则，它使得每个人的境况更好"①，国家设计出特定的规则来制裁各种不当的行为，从而使各种不当的社会生活发生转变。显然，这种规则的产生和应用不但需要注重其产生的程序和形式，也势必要极其重视规则的内容。在这里，肯尼迪将传统自由主义的理论进一步现代化和理论化，并在此意义上对之进行类型化，从而为从另一个维度分析形式主义的产生进行有效相互对照建立了基础。

当然，肯尼迪补充到，有些冲突是国家和规则协调不了的，但这种冲突从性质上来讲都是已经无法继续缩小且不会产生严重结果的冲突。肯尼迪虽然没有点明这些冲突到底是什么，但我们可以推测，在现代凡是超出法律调控的范围，甚或不属于政策调控的广大范围，尤其是在精神领域的广大范围里存在的诸多冲突都属于此类，比如信仰、爱情、友情、亲情之间的冲突等等，它们既无法为法律所调控，也不需法律对之进行调控。因此，人们通过建构国家和规则来协调冲突就取得了极大的成功。

---

　　① See Duncan Kennedy, "Legal Formality", 2 Journal of Legal Study 361 (1973).

另一则是在自然状态中,基于产品稀缺的社会现状,再加之人性恶的天然事实,人们都是自私且具有无穷欲望的人,每个人为追求私人利益的最大化都不惜损害别人的利益。如此,在这种损人利己的社会生活中,冲突的产生不可避免,乃至人们之间的冲突成为社会生活的基本特征。为了协调这些冲突,尽管这种协调不可能是彻底公平正义并令所有人满意的,但其毕竟有助于防止整个社会在彼此的冲突之中走向灭亡,因此,国家通过规则的协调也就应运而生。在这种协调之中,由于从来就不存在一个能通过理性完全建构出来的完美的规则体系,因此规则的实质不过是冲突着的利益之间的实质理性妥协的反映。

在规则的第二种产生程序中,肯尼迪认为两点至关重要,即一方面规则只是执行利益妥协的行政技术,其意即规则必须机械地执行,否则它就必然有悖于利益妥协者的初衷。因为规则已经是让妥协各方都能够最大限度满意的最大公约数,对妥协协议的偏离也就意味着部分妥协方的利益的丧失,而这是不符合这些人的利益的。这样一来,和行政行为的特点一样,规则的机械执行慢慢催生出形式主义的诞生。另一方面,规则的严格适用具有特别的作用,即防止国家机构性质的转变,防止由于规则的滥用使国家机构获得可乘之机而成为民众利益的侵蚀者。众所周知,国家在产生之后根据契约获致了要求其所属人们的服从,国家通过规则而治的行为不但被认为具有合法性,即国家的行为是正义的;同时,国家可以通过强力保障规则的实施来确保其被遵守。但是,规则之治并非是抽象的,其归根结底仍是通过人们的代理者来进行的,如果代理者的行为没有严格的程式加以限制,在人性恶及现实利益的驱动之下,代理者完全可能会滥用国家的权能去吞噬人们的利益,从而使规则沦为独裁者自私自利的工具。

这两种观点界分的意义是重大的,从第一种规则体的产生我们可以看到人们目的理性建构的威力,人们通过对社会冲突的政治性的反思建构出了一个法律体,这个法律体基本能够用来解释大部分法律秩序。但是,"现代的主流观点看起来认为,一旦我们跃出一些基本的法律制度(一些有关财产、契约和侵权的极原始形式),特定规则体不是代表理性而是代表冲突利益的相互妥协"①。出于这个原因,肯尼迪接下来的分析也主要是从第二种观点进行展开。

　　肯尼迪指出,对上述自由主义的第二种观点的考察依靠于对自由主义基本假定的探析。这一基本假定即人的主观价值与客观事实对立的同时,人的主观价值并不是虚幻的,而是真实存在的。肯尼迪列举了人的主观价值领域所包括的一些内容,如价值观、欲望、目标、欲求和目的等等,并指出这些主观价值像石头一样真实。人的主观价值真实存在的实质性意义在于,人的行动不是冲动的结果,人的行动源自人的主观价值,如此一来,人的行动也就受制于人主观价值的特性。那么,人主观价值的特性是什么呢? 肯尼迪指出,人的主观价值具有任意性,即每个人都有自己独特的主观价值,也正因为各自不同,主观价值才成其为主观。当然,光不同也不行,如果人们能够相互获得对方的体验,那么人的主观价值的相异性就会消失殆尽。而实际上,正是由于人的体验的不可重复和不可为他人所确切获得,才从本质上决定了人的主观价值的独特。依此推论,受人的主观价值支配的人类行动,在追求主观价值最大化的过程中自然也就会相互产生冲突。

　　肯尼迪接着论述到,世间的一切皆可二分为内在的主观和外在的客观事实,但外在事实却是内在同一的外现。因此,通过对外在事实的认定,人们完全可以达成一致。甚至可以说,尽管人们的行为在一定程度上都是恣意的,但依然可以利用外在结果的确定性,凭此去对之进行具有明确性的解释。正是基于以上理论,形式主义理论认为通过规则适用,即通过对案件

――――――――――

① See Duncan Kennedy,"Legal Formality",2 Journal of Legal Study 362(1973).

情势实际方面与规则的同一认定,完全可以达到客观公正和有序的目的。相形之下,实质理性决策则过度反映各种主观利益和价值,无法避免过多的混乱和不确定。因此,形式主义的规则适用才是自由主义国家的理想法治工具,尽管诉讼者依然可能认为规则适用也是自恣的。

三、规则的形成

在对形式主义产生的自然状态理论进行重构和阐释之后,肯尼迪以私人财富最大化理论为基础,进一步深入阐释了规则如何得以形成。

在自然状态理论里,避免混乱和冲突这一颇具政治性的原因是自由国家产生的根源。而实际上,在肯尼迪看来,追求安全本身就是私人利益最大化的题中之义。在自由国家通过对民众情势的干涉避免混乱甚至内战的过程中,个人财富最大化的欲求也在根本意义上得到了保障和满足。

个人财富最大化欲求的深层意义可以解决一般理性所难以解决的问题,即既然人人都希冀安全,人们又何必建立国家?肯尼迪为了引出他关于个人财富最大化追求的意义,他再一次重申了关于这个问题的答案。如前所述,在自然状态中,人们彼此之间无法相互信任,因为人在本性上就是彼此不确定和自恣的,同时囚徒困境的存在更加恶化了这种事实。在这种情况下,只有国家可以通过强制来保证人们获得一个不用担心自己的好会被别人利用的良心。

肯尼迪的这一观点仍然与霍布斯一脉相承,霍布斯在他的《利维坦》中对于解决自然状态中的冲突和混乱时提出了两条解决办法,即第一自然律和第二自然律。第一自然律要求人们必须寻求和平,信守和平,“每一个人只要有获得和平的希望时,就应当力求和平;在不能得到和平时,他就可以寻求并利用战争的一切有利条件和助力"①。第二自然律要求人们必须对等地放弃自然权利，"在别人也愿意这样做的条件下，当一个人为了和平与自卫的目的认为必要时，会自愿放弃这种对一切事物的权利；而在对他人的自由权方面满足于相当于自己的让他人对自己所具有的自由权利"②。对于这两条自然法则，霍布斯认为虽然其为保证人类摆脱混乱冲突的根本前提，但如果失去了背后的保障，这两条法则只会沦为镜花水月，最后也只不过是涂写在纸上的文字，全然无益于现实实践。"语词的约束过于软弱无力，如果没有对某种强制力量的畏惧心理存在时，就不足以束缚人们的野心、贪欲、愤怒和其他激情③。"因此，霍布斯进一步提出保障两条自然律得以付诸实施的补充法则，即既然在单纯的自然状态下人们都自由而平等，那么也就无从存在一个人人可以得以普遍服从的强制力量，在此情况下，通过契约建立起具有这种强制力量的国家就是最好的也是必须的选择。一旦根据契约建立起这样一个国家，国家即可通过其强制力量保证前两条自然律的实施。当契约形成之后，违反契约就是不正义，国家借其强制力量对不正义的行为进行处罚也就具有了合法性和现实性。

尽管国家被建构出来并竭力实现它的使命，然而遗憾的是，国家制度的设计者不是全知全能的上帝，人们的有限理性和社会生活的千变万化决定了制度性缺陷存在的必然事实。肯尼迪高扬批判法学的旗帜，他认为法律不是万能的和普遍的真理，不但法律具有不确定性，而且法律也不是完全自治的，法律自其产生以来就同政治角逐和意识形态紧密连结在一起。

首先，事实世界无时无刻不处在变化之中，其复杂性和不确定性总是使得先前的规则体系在处理新案件时显得力不从

---

① 霍布斯著，黎思复、黎廷弼译：《利维坦》，商务印书馆1985年版，第98页。
② 霍布斯著，黎思复、黎廷弼译：《利维坦》，商务印书馆1985年版，第98页。
③ 霍布斯著，黎思复、黎廷弼译：《利维坦》，商务印书馆1985年版，第103页。

心甚或无能为力,没有任何一种规则体系能够制定得完美无缺从此而一劳永逸。宣称法律规则是万能的和自洽的做法无疑是统治阶级的伎俩,其目的不过是将其政治利益和意识形态合法化并加诸整个社会之上,从而掩盖其对社会的控制和压迫的事实。

　　被誉为 20 世纪英语世界最伟大法学家的哈特,他的一系列观点对肯尼迪有着深远影响,这从肯尼迪多次在小注甚或正文中提及哈特的名字即可窥见一斑。哈特认为,"为了使用包含一般化分类语汇的传播形式来传达事实情况,边界地带的不确定性是我们必须要付出的代价"[①]。同时,这并不意味着非边界地带案件的确定就是自动的和机械的,"即使我们使用以言辞构成的一般化规则,在特定的具体个案中,该等规则所要求之行为类型仍旧可能是不确定的。特定的事实情境并非已经自己区分得好好的,贴上标签表明是某一般规则道德具体事例,在那儿乖乖地等着我们"[②]。哈特认为形式主义通过冻结规则的意义,即赋予规则中语词的绝对意义,然后限制解释,只关注于特定案件中的一般特征,而不论其有无其他具体或特殊情况,以此保证法的确定性和稳定性。形式主义的如此做法有着很大的局限性,即"这样做,是以对未来的个案盲目地加以预测作为代价,借以确保未来大量案件中一定程度上的确定性或可预测性,而我们对于未来个案的构成性质却一无所知"[③]。

　　社会生活具有不确定性,但为何妄图通过规则一劳永逸地解决社会问题的思想却如此根深蒂固? 这必须追溯到以理性为时代特征的启蒙时代。在启蒙时代及其以后,人们显然过分夸大了理性的作用,以至于沉迷于理性的迷宫而不能自拔,这一点在制定法至上的大陆法系的表现尤为明显。例如在法国,

---

[①]　哈特著,许家馨、李冠宜译:《法律的概念》,法律出版社 2006 年版,第 123 页。

[②]　哈特著,许家馨、李冠宜译:《法律的概念》,法律出版社 2006 年版,第 121 页。

[③]　哈特著,许家馨、李冠宜译:《法律的概念》,法律出版社 2006 年版,第 125 页。

一方面，"权力分立的主张，导致了独立的行政法院制度的建立，对立法的司法审查被禁止，法官在法律活动中的作用受到限制"①；另一方面，"在革命改革中所出现的问题不是受到忽视就是处理得过于简单化。其结果是：思想的热情取代了理性；革命的观念演变为教条；革命本身则成了乌托邦"②。依这种思想建构起来的整个法院系统奉行着行政机关似的科层制组织体系，法官成为执行法律的公务员，其在适用法律时的能动性大为减低。但盲目的理性在多变的现实面前只能碰个头破血流，查士丁尼试图用他的法典解决一切法律问题并禁止注释和发展的企图没有成功，同样，另一伟大人物拿破仑同样的想法也遭遇了同样的失败。历史一再证明，建构理性的有限和社会生活的无限，立法者不可能想得到现实中所有可能发生以及未来可能发生的案件，即立法者立出的法律必定有漏洞和不足。

肯尼迪的批判显然首先是针对美国的乃至英美法系的形式主义，但我们不难发现，他的有些批判放在大陆法系显得更加适合贴切，而由此反观，在形式主义相对于大陆法系要稍轻一些的美国，肯尼迪对美国法律批判的程度是何等激烈！此外，我们可以从中得出，形式主义是一个超越于法系的共同的法治难题，而肯尼迪也是一个超越于国家和法系的理论巨子！

其次，国家在从事事后尤其是冲突产生后的实质理性处理时，由于政治利益和意识形态的影响，很难做到完全中立，因此使得处理结果具有强烈的不确定性，而这种不确定性所带来的后果极其严重，使得人们甚至由于迷茫和惧怕而无所事事。

肯尼迪的这一观点与20世纪初美国兴起的法律现实主义联系紧密。法律现实主义深受其本土实用主义哲学的影响，与西方马克思主义共同成为批判法学的理论源泉。广义上美国

---

①　梅利曼著，顾培东、禄正平译：《大陆法系》，法律出版社2004年第2版，第18页。

②　梅利曼著，顾培东、禄正平译：《大陆法系》，法律出版社2004年第2版，第18页。

法律现实主义的代表人物主要有霍姆斯、庞德、格雷、弗兰克和卢埃林等，他们都对过分看重逻辑思维的形式主义法学进行了猛烈的批评，并深入阐述了法律的不确定性，甚至提出法官判案不是依据规则而是依据心理甚或下意识的惊天宏论。霍姆斯的名言"法的生命不在于逻辑，而在于经验"[①]，这正是美国现实主义法学对法律形式主义所发出的呐喊。深受美国实用主义哲学思想和现实主义法学理论浸染的肯尼迪，他对法律不确定性的理解自然熟稔在胸。肯尼迪将法律现实主义的怀疑精神同批判法学的政治觉悟结合在一起，他对形式主义的理解自然又达到了一个新的高度。

再次，通过代议制度以图进行正义的转换和传递的计划往往会归于失败，作为妥协协议代表人和执行人的代理们，他们也具有个人的一切缺点。此外，由于他们能够借助代理权力谋求私利，他们私人的无厌追求所产生的恶劣影响要比一般人的行为巨大得多，由此更可能加剧社会冲突。

对此，形式主义提出了相应的解决办法：

一方面，借助代表多种利益的立法机构的内部谈判和预测，以及反反复复的估量和平衡，这样产生出的立法决定将会最大限度地达至公平和科学。当然，这样的立法决定的产生要耗费极大的成本，但是这种耗费不但是值得的，而且也并不是需要经常付出的。关于这一点似乎无须多言，

霍姆斯

只要我们环顾世界各国的议会开会情况以及立法草案反反复复的讨论和修改情况，人们自可对此会意于胸。

另一方面，通过增强规则适用过程的确定性以及加强对立

---

① See Oliver Wendell Holmes, The Common Law, Harvard University Press (1963), p. 5.

法者的监督,完全可以有效抑制代理者权力的滥用。一旦规则适用的确定性得以明确,此时诉讼冲突也可有效地减少,因为人们此时不再将精力集中在如何去寻找国家和法官的偏袒,反而是致力于对立法者进行游说,而后者明显要比前者文明得多和进步得多。

　　就规则适用的确定性而言,即强化整个法律体系的形式理性特征,对此韦伯的论述相当全面,前文已有详述。我们不妨再看看另一批判法学的旗手是如何阐述这个问题的,昂格尔指出,"形式的观念认为,作为普遍性、自治性、公共性和实在性规则体系的法律的核心,即使不能充分决定,也可以限定官员和私人可以做些什么。标准被看做是形式体系上的毒瘤"①。

　　就加强对立法者的监督而言,美国一直有着丰富的理论传统和实践传统。自美国建国伊始,汉密尔顿等在联邦党人的许多文章中就指出了立法部门所具有的优势的权力,"在共和政体中,立法权必然处于支配地位。补救这个不便的方法是把立法机关分为不同单位,并且用不同的选举方式和不同的行动原则使它们在共同作用的性质以及对社会的共同依赖方面所容许的范围内彼此尽可能少发生联系"②。正是由于惧怕立法机构的过分强势并有可能沦为少数立法精英任意自恣的工具,联邦党人们才煞费苦心地设计出参议院、众议院两院制的立法机构,使得立法机构得以从内部实现权力的制衡,以防止立法机构的意见偏离民意和任意自恣;同时,赋予总统广泛的权力以及对立法法案的有限否决权,并使得联邦最高法院的法官终身任职并具有对法案的违宪审查权,"法院必须有宣布违反宪法

---

　　① 昂格尔著,吴玉章译:《现代社会中的法律》,译林出版社2001年版,第197页。
　　② 汉密尔顿、杰伊、麦迪逊著,程逢如、在汉、舒逊译:《联邦党人文集》,商务印书馆1980年版,第265页。

明文规定的立法为无效之权"①,从而从外部实现对立法机构的制衡。

面对形式主义提出的诸多解决办法,肯尼迪指出,形式主义的回应依然存在诸多令人疑惑之处:

第一,通过谈判和妥协形成的规则并非解决冲突的正当措施,而各自之间只会形成一个更大的难题,因为它们之间只是通过互相交换利益和损害才能达到互补,仅仅是在总体上令人大体可以接受。但在具体到它们每一个的自身,其显然无法代表各种利益。而且立法者自己也宣称,有些制度代表的不是利益而是理性,例如关于财产规则、侵权规则和契约规则等等,这些规则是不应该通过谈判和妥协来确定的。

第二,形式主义的弦外之音意味着人们"服从规则的义务与规则的内容无关"②,而又由于规则只是在总体上符合全体妥协的利益,这样则容易遮掩个别法律背离民众利益的现象,从而出现"恶法亦法"的局面。肯尼迪显然注意到了法治社会中存在的个别立法不善的局面,同时"恶法非法"的思想倾向显然也与战后自然法学派的重新崛起有关。以论述"法的道德性"而著称的富勒在谈到法应当具有清晰性的同时,也反对形式主义的僵化,他特别指出"重视立法的清晰性并不意味着忽视依靠像'诚信'和'适当注意'这样的标准来产生法律后果的那些规则","一种徒有其表的清晰可能比一种诚实的、开放性的模糊更有害"③。显然,肯尼迪与富勒对法律形式主义的这部分批评是有着共识的。

----

① 汉密尔顿、杰伊、麦迪逊著,程逢如、在汉、舒逊译:《联邦党人文集》,商务印书馆1980年版,第392页。当然,美国法院的违宪审查权是逐步发展起来的,尤其是借助于1803年的马伯里诉麦迪逊一案中马歇尔大法官的判决才得以建立。虽然违宪审查权是通过马歇尔对宪法迂回曲折的解释,而不是借助于宪法的直接规定来实现的,但美国宪法条文中所体现意图,即通过赋予联邦最高法院一定的司法权力来制衡立法机构的目的却是无可争议的。

② See Duncan Kennedy,"Legal Formality",2 Journal of Legal Study 369(1973).

③ 富勒著,郑戈译:《法律的道德性》,商务印书馆2005年版,第76页。

第三,规则适用如果纯粹以事实为导向,而与正义和正确远离,则规则适用完全成为一种耗费,它正是国家结构设计不合理的体现,这种规则适用的价值令人怀疑。

四、形式主义的价值

建立于规则之中的立法权力制定了平等对人的规则,人们以此为生,而不再生活在不确定之中。在本部分,肯尼迪从洛克的理论切入,其后,肯尼迪通过对规则和自治、自由关系的探讨,并详细考查了规则的作用和有规则国家其行动所具有的优点,深刻阐述了形式主义的意义和价值。

在前面的论证当中,文章是以个人利益为中心而进行展开的,即核心观点是国家适用规则必须服务于私人财富最大化的追求。但实际上,国家的目标和公民并不同一,内战的防止只是公民的手段但却是国家的首要目标,围绕这个层面进行分析,我们可以看见法律形式主义价值的另一番景象。

在把"规则运用对财富最大化的考虑从属于对防止内战的考虑"[①]的前提下,肯尼迪重新对自治和自由这两对重要范畴进行了界定。自由是个体欲求的实现程度,自治则是实现个体欲求的条件和手段,二者的实现往往并非同步或者一致。

肯尼迪认为,规则的角色无非就是提供自治。自治的概念同按照规则而治没有多大差别,各种法的强力或许不能带来完整的自由,但却能带来完整的自治。尽管在实际中,自由也好自治也罢,都从未能完整地得以实现。自治是个人财富最大化的手段,但就防止内战的角度而言,自治是一种公共产品。既然自治是一种公共产品,则没有人是把追求防止内战作为首要目标,所以在国家建立后,国家必须担负起提供这种公共产品的职能,进而决定人们自治程度的实现。

妥协协议的契约缔结者,他们在建构出国家之后,为了达

---

① See Duncan Kennedy, "Legal Formality", 2 Journal of Legal Study 371 (1973).

到防止内战的目的，就必须按规则而治。这样，在规则治理的范围内，人们的权利受到限制，但正是在这种有着边界的自治王国里，个人可以放心地追求自由。反之，自治的王国无边无界，则自由的实现也将沦为虚空，因为这样的自治连防止内战的首要目标都显得捉襟见肘。规则不但有效防止了内战，还通过定分止争使人人生活在安全之中，此时，人们的奋斗毋宁说为了追求生存，还不如说是为了追逐财富。

国家能否漠视整个规则的问题，初看问题性不大，而其实不然。国家不同于私人，其唯一目的即是提供安全，通过借助规则的制定和适用过程，它剥夺了一些想借国家控制而追求私人利益的自由意愿，但实际上，没有公民会觉得这种剥夺是一种损失。因此之故，当一个使得人人都觉得更好的变化被作出，并使得人人的境况都更好时，我们就可以说社会财富已经增加。

这里有一个问题，即假设所有的事情都受之前共同合意所作决定的影响，那么，我们应该如何处理国家行为应该依据规则的问题？答案是，国家行为依据规则将使总体境况好转，也因此是可欲的；此外，引入新的总体规治也完全有能力弥补因此前个别规治而受损害人的利益。在依靠规则的治理之下，国家行动的优点是最大限度地消除了其行动的不确定性，从而可使人们能够对自己的行为进行规划和预测。人们可以通过调整自己的行为改变国家有可能介入的情形，从而使其行为的收益达至最大。在这种意义上，甚至可以说，国家已使自己深受个人和团体的支配。

规则体系在两种情况下会出现缺口，即规则冲突之时和无规则可用之刻，在这个时候，团体必须赋予特定人决断的权力以免使情况变得更糟。当然，这无疑会对人们之前的权利构成限制，但这却是人们为追求自由而不得不付出的代价。对于这种情形，肯尼迪还专门用了一个形象的比喻，他把处于这种规则困境中的人们形容为居住在火山旁的人，并认为如果这些人具有预测火山爆发的能力固然是最好不过的,但是,"如果没有预测的能力,他们将必须在两者之间作出选择,或是严格限制如今变得危险的行为,或是迁往一个虽然不太想但却更安全的地方"①。这个比喻正好说明了当规则体系出现漏洞时人们的选择路径,前者往往颇为危险且有时难以实施,后者也就是赋予法官一定的自由裁量权,固然也充满危险但毕竟还有解决问题的最大希望。

总而言之,在形式主义看来,规则适用者应该严格忠实于法律条文的适用而不能进行实质理性考量。这主要基于两点理由:首先,规则适用者不能篡夺立法者的职责,因为立法者才代表了公共合意;其次,中立的规则适用更加有助于总体福利和社会财富的增加。可以说,形式主义并非全然否认实质理性考量的优点,但与形式主义相比,实质理性考量的优点实在微不足道,其缺点则是既大且广,因此,法官在适用法律时应该严格做到形式主义的规则适用。

第三节　对形式正义的批判

在对法律的形式主义作了源流考察并对其产生的过程和意义进行了深入分析之后,肯尼迪对形式主义展开了猛烈的批判,这批判的突破口或说核心则集中在对形式正义的批判。

一、形式主义与正义的偏离

对形式正义的不满首先来自于案件参与方的诉讼者。在具体的案件中,诉讼者只是希望法官能够倾听诉讼者的意见并按真实的情况进行裁判,他们在此更加关注的总是当前案件的正义而非整个法律体系的正义。在这种情况下,诉讼者要求实质理性审判的欲望与司法者严格规则适用的理念产生了冲突。

---

① See Duncan Kennedy,"Legal Formality",2 Journal of Legal Study 376(1973).

如果说这种冲突在具体个案中尚不能显示出对形式正义的质疑，那么，当把这些案件加在一起来看的时候，诉讼者的意见则已经不再是个体意见，形式正义理论的科学性也岌岌可危。

肯尼迪接着分析道，既然形式主义是种种冲突着的要求在妥协之后的产物，那么，当总体合意建构出的立法机制作出决议之时，人们就必须有遵守它的义务，这甚至不仅仅是法律义务而更是一种政治义务。在这里，还没有发生合法性的让渡和传递问题，肯尼迪勾勒的是立法机关进行纠纷裁决的理想模式。即代表着种种利益的立法机关有能力在不损害任何个人的前提下，能够借助实质理性的立法过程预先解决或管理每一个争端。不言而喻，诉讼者必然会接受这样的理想审判而不会去质疑它的合法性和正义性。

但是，具体的形式主义制度却拒绝了这种理想的判决模式。因为立法者无法也无力通过实质理性的办法预先解决社会中的每一个纠纷，而且在纠纷发生之后再诉诸立法者也是没有意义的事情，不但新的立法过程是缓慢的，而且法律不能溯及既往。当然，即使存在立法者有组建新的解决即时纠纷的部门的机制，也是完全没有效率的，因为这既有合法性让渡的问题，又有专业化与职业化需要的问题，这些问题最终又回归到了形式主义制度的问题上来。解决纠纷依靠的依然是形式主义的纠纷解决机制，但很遗憾的是，由于规则适用者所适用的立法规则往往过于守旧和僵化，诉讼者经常不能够实现他们的诉求，在诉讼者双方都不能满意的情形下，形式主义的正义性愈发引起人们的关注和批判。

在规则适用者和诉讼者都感到无奈却愤怒的情形下，人们依然会遵守规则，并不违反立法者所制定出的规则，因为人们相信避免内战的实质理性妥协的重要性。人们的这种信念越是坚定，则共同体越是倾向于借助规则来解决所有请求。在形式主义的大幕下，实质理性请求被规则适用者认为是属于立法者的职责范围，而从不去想这对于立法者而言更是天方夜谭，因为立法者更难接触到或是解决这些实质理性请求。

　　规则适用者的合法性或其正义究竟是怎样获得的呢？一种观点是从反面进行论证,即认为规则适用者的合法性是由于不听指挥的诉讼者违反了早期的契约,"不听指挥的诉讼者赋予了立法性判决的资格"①。另一种观点则是从社会利益最大化的角度进行分析,即认为在诸多社会条件的限制之下,牺牲一些诉讼者利益的程序性成本是正当的。当然,肯尼迪指出这种法律体系不但是非理性的也是非正义的,"一个允许将诉讼者排除并拒绝倾听其实质争议的一般规则存在的法律体系是典型不正义的"②。肯尼迪认为形式主义的缺陷产生自形式化的制度结构,这种缺陷的具体表现,即当有诉讼者抗议其受任意自恣的的处理之时,形式化体系其实已经腐败不堪。这完全是个反讽,规则制定的基础事实是不确定的,但规则自身却被定义得刚硬无比而无或然性。对于规则适用者来说,一旦规则被制定出来之后,他们就只记得僵硬的执行,而全然忘记了这些规则背后的社会事实的不确定。

　　形式主义也有令人满意的地方,即形式主义有一个假设,利益代表者能够制定出一种妥协,这妥协包括可妥善处理未来全部事项的的一系列规则。但是,问题随后而至,"第一个障碍是我们对于事实的无知;第二个障碍是我们对于目标的相对不确定"③,我们无法准确预测未来,随着社会实际生活中差异的渐增和不断涌现,旧规则与新情势之间的矛盾与冲突也与日俱增。如此,行为者的行动与规则所本欲引导的方向越来越有偏离甚至南辕北辙,最终的分配性结果很可能自相矛盾甚至改变人们的预期,反而使得规则的确定性急剧丧失。这样随着时间的推移,不一致的预期将越来越多地呈现于人们的眼前。于

---

① See Duncan Kennedy,"Legal Formality",2 Journal of Legal Study 379(1973).
② See Duncan Kennedy,"Legal Formality",2 Journal of Legal Study 380(1973).
③ 哈特著、许家馨、李冠宜译:《法律的概念》,法律出版社 2006 年版,第 123 页。

是,人们不得不认为代表妥协协议的规则体原来是或许是错误的。而之于那些发现规则执行的根据不但不能够被预期,而且是根本就没有机会发生的人们,他们更会无比失望。在这样的境况中,行为与预期不一致的失败者只能靠推测前进,人们承担了风险,但立法者却并没有设想这种情况。

二、形式主义与实质理性的张力

法官厌恶诉讼者的反常规争论,因为它们使规则适用的合法性遭到破坏:首先,法官无法确定事实情况与原先预期有多大区别,因为参与方的预期高度不确定;其次,即使分歧被确定,法官也无法使实际的分配与原先的协议一致。为从整体上使法规符合协议,个别法规经常损害某部分人的利益以达到相互平衡,如特殊照顾某团体的立法其实是损害了其他团体的利益,当每一个团体都获得这种照顾时,法的体系在总体上似乎又是公平的。但肯尼迪觉得这是不正常的,他认为对此唯一的解决办法就是重新进行立法,"立法有时已经成为使我们挣脱旧束缚的必需"①。

由于新的立法可以随时修正错误,规则适用者就不是独裁的,失望的诉讼当事人也不应抱怨规则适用者,如此以来大家都应安分守己。当然,立法尽管可以即时地修正错误,但规则的建立与对其调整之间必须有时间的间隔,过于频繁或即时冲动的调整,哪怕是符合实质理性的,都会极大地破坏法律体系的正式性,从而使参与方获得的利益遭致减损。"事实上,所有的体系皆以不同的方式,折衷于两种社会需求之间"②。正如卡多佐虽然也同样批评形式主义的僵化,但也不忘了主张法律体系的正式性和稳定性一样,"我们一定不能为了个别而牺牲了一般。我们一定不能为在个别案件中实现正义而完全不顾前

---

① 卡多佐著,苏力译:《司法过程的性质》,商务印书馆1998年版,第62页。
② 哈特著,许家馨、李冠宜译:《法律的概念》,法律出版社2006年版,第125页。

后一致和齐一性的长处"①。

　　肯尼迪在概括形式主义逻辑的缺陷之前，又重新阐述了他在文章中已提过的规则适用的两个水乳交融的目的，即通过机械执行妥协协议，规则体系合法地处理了公平分配问题，并使个人能够从容地进行私人利益最大化的活动。而一旦在规则适用者的决策中引入实质理性，或说法官在遇到特别的案件之时，机械的规则适用就会遇到困难，形式主义的两个目的很难得以满意协调。

　　对此困难，法官完全可以放弃执行公平分配的办法，而只专注于保证私人利益最大化这一框架的确定性，这样一来法官就完全可以沉浸在机械的规则适用的幸福之中，而无须再为两个目的的协调感到烦恼。但是在实际中，法官偏偏并不如此，他们总是在僭越自己的权力，而人们自然也要求法官对他们的决定进行合法的解释。越是如此，法官越是不得不放弃规范的规则适用程序，否则他就无从解释他的决定。人们对此的习惯想法往往是要通过立法者的决议来规范法官的行动，这样可有效消弭法官的难处，同时也可避免法官的自恣。这种主张隐含的意思，即法官应该假定立法者只是要求其做到规则适用，而不用去过问判决以后的结果，结果如何并非法官需要关注的问题。

　　至于为什么会有这么一个假定，一种答案是，事实上本就如此。肯尼迪对这种回答是非常不满的，因为人们关注和探讨的是现象的原因，而决不是满足于浅尝辄止抑或简单事实的描述。

　　另外一种答案是立法者应该使法官规范地行动，如此才能保证社会利益最大化。如果规则适用者的自由裁量权过大，规则体系的确定性即会消失殆尽。当然，一味摒弃规则适用者的自由裁量权也会产生不堪想象的巨大危险，即对原初妥协协议

---

① 卡多佐著，苏力译：《司法过程的性质》，商务印书馆1998年版，第63页。

的反抗与革命必将伴随时日的推进,在规则僵化得无以复加的那一刻如火山一样爆发。但是并非全然没有希望,因为立法者在这之前完全有时间来改变规则从而避免悲剧的发生。

可是,即使人们可想象立法者总是坚持形式主义,要求规则适用者机械执行规则,但这并不能让人们可以断言立法者从未顾及司法在修补规则体系方面的作用。尤其之于法官而言,他们总是倾向于推测实际上立法者的默许赋予了他们这种权力。

上述观点的另一个分支比较中立,它认为即便立法者坚持形式正义,但法官仍然可有所作为,即在形式主义的界限内,法官依然可以通过合法的规则选择作出促进社会利益最大化的判决。

立法总是当初冲突着的利益妥协的结果,严格遵循立法既能定分止争,又能最大化私人的自治权利。但是,时日长久之后,继续对规则的迷恋将背离当初妥协的目的甚至损害妥协者的利益;而如果对规则不忠诚,则后果更为可怕,它将颠覆由整个妥协协议为支撑的整个秩序体系。

第四节　"第三条道路"

一、第三条道路

在对形式主义作了一番批判和重构之后,肯尼迪表明了他自己对该问题的看法。肯尼迪认为解决形式主义困境的出路在于他所谓的"第三条道路",而在阐述"第三条道路"之前,肯尼迪依然是综述了其他重要法学流派在该问题上的看法以及他们的利弊得失。

新实证主义处理形式主义困境的原则即对法官立法性权力的限制,同时坚持规则适用和实质理性的结合。新实证主义者在不否认规则治理的前提下,认为存在一个庞大的主题问题领域应该由法官进行特别决策,甚至应该进行非法律化处理。对此,肯尼迪指出,这种解决方案的问题和困难显而易见,即法官立法性权力的界限如何界定? 如果通过规则进行界定,则有重新陷入形式主义泥淖的可能;如果不通过规则进行界定,则有使法官篡夺立法权力进而威胁民主正义的嫌疑。

肯尼迪进一步分析道,当案件恰好属于形式主义领域而诉诸特别决策是不合适之时,法官还具有规则创制权吗? 如果没有,则依然难以解决形式主义困境的难题;如果有,那么规则创制权及规定某些案件必须完全适用规定的条款都能适用于例外么? 总之,如果法官是完全自由的,他不仅会威胁到自治,他还会使立法者处于堪忧的境地。

千呼万唤始出来,肯尼迪的"第三条道路"在他的长篇宏论的最后终于闪亮登场。肯尼迪特别强调他的"第三条道路"理论是在对富勒、卢埃林、哈特和萨克等人成果的基础上发展而成。他的理论不同于新实证主义,他的理论是既综合了自然法的真谛,也纳入了实用主义及其他思想对形式主义批判后的精华。正如哈特所说,对于规则的看法,"法理论在这个问题上有一段奇怪的历史,因为法理论若不是倾向于忽视法律规则的不确定性,就是将之夸大"[1],"形式主义和规则怀疑论是两个危险的极端——法学理论中的史凯拉和卡力布狄斯;它们被过分地夸大,但却能够在它们彼此纠正时显示其价值,而真理就在两者之间"[2]。肯尼迪正是通过对法律现实主义及规则怀疑论精神的继承,在对自由主义和形式主义理论的重构之中,小心翼翼而又大气地提出了他的"第三条道路"。

"第三条道路"的基本假定和形式主义的基本假定基本一致,以致肯尼迪自己承认"第三条道路"提供的关于这一问题的

---

① 　哈特著,许家馨、李冠宜译:《法律的概念》,法律出版社 2006 年版,第 126 页。

② 　哈特著,许家馨、李冠宜译:《法律的概念》,法律出版社 2006 年版,第 142 页。

解决办法与形式主义提供的具有明显的家族相似性①。在基本假定一致的前提下,第三条道路既顾及了立法者所代表的冲突利益的实质理性妥协,以此来保证规则适用的合法性;同时也保证私人和团体能够预测特殊争议会被如何解决,从而保证法律秩序的确定性和个人私人财富最大化的追求可以实现。

在上述基础上,肯尼迪陈述了其"第三条道路"理论,即在传统的规则适用和实质理性决策两种决策过程之外,还存在第三种决策过程,这可称之为"第三条道路"。"第三条道路"认为立法者应单独决策界定基本的社会制度和社会实践,并制定出一个包含有可被人明确理解的目的的规则体,这个规则体基本上是完整的、宏大叙事的规则体。司法者只是在立法者基本安排的缝隙中工作,并根据规则体的目的,技术性的进行法律的适用。肯尼迪确信"这种方法应该比实质理性的方法远为确定"②。

肯尼迪不仅睿智卓绝且同样富有广阔胸襟,在提出他的"第三条道路"的同时,他就已预测了外界可能对他的批评。但是很可惜的是,肯尼迪在这篇文章里并没有对这些批评提供回应,因此人们总是会用肯尼迪在前面批评形式主义的论据以子之矛攻子之盾,并且无法确切地信服肯尼迪"第三条道路"的可操作性。肯尼迪对此只是反复强调两点,法官只能依靠具有客观性的规则体的目的去决策,而不能使用实质理性的立法技术,否则法官就会因欠缺代表性而无法获致合法化;同时,法官只能解决司法问题,一些极其特别的问题的确需要进行实质理性的决策,但那已不是法律问题而是行政或立法问题。

二、第三条道路与意识形态

在此,我们可拿昂格尔对形式主义的批判作一下比照,以

---

① See Duncan Kennedy, "Legal Formality", 2 Journal of Legal Study 395(1973).

② See Duncan Kennedy, "Legal Formality", 2 Journal of Legal Study 396(1973).

此加深对肯尼迪思想的理解。昂格尔指出,"作为一种形式规则体系的法律秩序遇到了两个支配着现代法律思想的根本问题。第一,就是力图逃避盲目的形式主义与任意的、专制的公平所构造的困境的斗争;第二,就是通过拒绝极端个人主义和极端集体主义以及为协作的价值在法律中提供更广泛的活动空间而在合法性与道德性之间实现和平的努力"①。

在昂格尔看来,形式主义过于盲目,就会使得规则无法照顾案件的特殊情况,也就无法做到公平,从而使得人们对于规则的预期大打折扣。因为过分盲目的形式主义往往显得无情甚至无理,以至于人们认为这种规则只是特权阶层统治的工具。但是,公平是形式主义所得以产生的根源,也是其合法性的来源,公平要求形式主义必须恪守严格的形式理性。可公平在形式主义看来是主观的,因而是任意的、专制的,这样形式主义与公平就呈现出一个二律背反的尴尬困境。昂格尔提到的第二个问题,颇类似肯尼迪提到的"第三条道路"。其实质就是如何寻求形式主义的出路问题。昂格尔认为必须在合法性与道德性之间建构具有协作性的规则体系,因为传统的形式主义往往导致的是极端个人主义和极端集体主义,比如个人和集体都可借法律的明文规定在所谓的法律范围内大肆干一些不好的勾当。"一种法律体系越是形式化,它就越是被迫在激进的个人主义与同样寡廉鲜耻的集体主义之间犹豫不决,实际上,这两种极端立场互为对方的必然结论"②。至于出路,只有追求协作性的法律才能有效的解决这个问题,现代的法律家是通过日益将一些道德观念引入规则体系,比如诚实信用、公序良俗等,但昂格尔认为这并不足取,因为它们的主观性实在太强,最终必然会和法律所必须具有的普遍性和自治性发生冲突。遗憾的是,和肯尼迪一样,昂格尔的批判法学也重破不重立,他也

---

① 昂格尔著,吴玉章译:《现代社会中的法律》,译林出版社 2001 年版,第 209 页。
② 昂格尔著,吴玉章译:《现代社会中的法律》,译林出版社 2001 年版,第 202 页。

并没有对此提出明确的解决方案。

在同昂格尔进行了简单的比照之后，我们还需深入的一个问题是，形式主义作为众矢之的，各个学派对其都进行了深入的批判，那么，作为批判法学的代表人物，肯尼迪对形式主义的批判与法律现实主义、新自然法学等流派对形式主义的批判到底有何不同？深藏在"第三条道路"背后的玄机到底是什么？其实，通过前面的介绍和分析，再结合批判法学产生的背景及其特点，我们已经可以相当清晰地看到批判法学对形式主义批判的实质。在肯尼迪看来，法律形式主义把法律视为中立和肯定，这样它就掩盖了法律的政治因素和统治阶级的意识形态，而实际上形式主义并不仅仅是个纯粹的法律规则问题。虽然肯尼迪也同意霍姆斯、卢埃林等法律现实主义学说对形式主义的怀疑，他也赞同哈特新分析法学对形式主义的批评，同样也赞许富勒、德沃金等认为法律具有道德性的说法，但肯尼迪的批判法学超越了他们。在肯尼迪看来，法律永远都是有偏见的和不确定的，法律永远不存在着唯一的答案，法律不能够成为自治，它只能够在其他的社会现象，特别是政治现象中得到解释。肯尼迪对形式主义的批判，站在了一个历史的新高度之上，他不仅仅怀疑规则和事实的确定性，也不仅仅认为法律具有主观性和道德性，他更是把对法律的理解放置在政治和意识形态的大背景之中，他把在场的法律与不在场的法律背后的东西都挖掘出来，成功地引领了批判法学对形式主义批判的深化和推进。这种深化和推进，既是批判法学的独特之处，也是批判法学超越法律现实主义及新自然法学之处。

最后，我们需要重申，肯尼迪对法律形式主义的批判并不是完美的。众所周知，批判法学重在"破"而非在"立"，实际上，对于传统中习以为常的重大问题，能够提出质疑和批判已属难能可贵，何况还能引起人们的重视和反思。肯尼迪针对形式主义困境所提出的解决方案虽然不能令人十分满意，但毕竟功不可没，或许富勒的一段话可以作为对肯尼迪该篇论文的最好总结:"我们往往被迫行驶于变化莫测与纹丝不动之间的一条左右摇摆的航道上,支持着我们的信念并不是'我们所选择的是唯一正确的航线',而是'无论如何,我们必须尽量避开暗藏在两边的险滩'"①。

---

① 富勒著,郑戈译:《法律的道德性》,商务印书馆 2005 年版,第 53 页。

第五章　解读《私法审判中的
形式与实质》

第一节　题解

美国批判法学派的灵魂人物邓肯·肯尼迪在他的不朽之作《私法审判中的形式与实质》①中,谈论的是这样一些问题:

首先,它们发生在私法领域内,所以它排除了属于公法范围的法律违宪问题、不同法律之间冲突所带来的法律效力问题,等等。书中只涉及在一套特定的法律制度下,私人是如何根据可能的法律后果来调整他们的行为的,法官是如何处理这些与私人行为相关的争议的,以及有权参与私法制度形成过程的法律制定者,包括立法机关和正在造法的法官,是如何制定新的法律制度的。

其次,这些问题出现于判决中,也就是司法过程中,但同时,它们又是和立法、执法、公民的守法,以及法学家的著述密切相关的。因为在作者所处的英美普通法系中,法官的司法在法律形成过程中起着不可忽视甚至是中流砥柱的作用。法官的法律推理过程所牵涉的,小到无数公民的诉讼利益、经济活

---

① See Duncan Kennedy, "Form and Substance in Private Law Adjudication", 89 Harvard Law Review 1685 (1976). 邓肯·肯尼迪:《私法审判中的形式与实质》原刊《哈佛法律评论》,1976 年第 89 卷,第 1685 ~ 1778 页。以下简称《形式与实质》。在本文的写作中,周林刚先生的译文《私法裁判中的形式与实质》对我的写作起着很大的参考作用。

动,大到社会伦理的维系、市场的稳定、经济安全甚至国家利益。因此这类发生于司法判决中的问题,更加容易引起普通人和法律人的关注,学者们纷纷提出自己的观点,其中内含着各自的价值观,由于人与人之间价值观的冲突在所难免,对于这些问题必然是众说纷纭的。

肯尼迪

再次,这些问题从理论上可以归纳为两大类,然而在法律实践中,它们从来就是交错杂糅,难分难解的,它们就是本文的中心内容:形式与实质。

所谓形式(form),通常是指某物的样子和构造,区别于构成该物的材料。作为法律术语,对于某一条法律指令①来说,形式指的是体现这个法条的目标的一切外在的东西,是剥离了立法目标、内在价值等实质内容的语言外壳。形式的对称就是实质(substance),它是指这个法律指令的目的和内容:即保护谁,打击谁,为了谁,属于深层的、涉及价值判断的东西。没有实质,形式就毫无意义,没有形式,实质就无以体现。任何法律指令既离不开形式和实质这二者的共生共存,也不会超越形式和实质,具有一个第三元素。

形式应该是怎样的,用何种语言来承载? 实质应该是怎样的,应该保护谁、打击谁、为了谁? 形式和实质的关系如何,二者能否真正地独立开来、互不影响? 这就是形式和实质问题。这个看似简单抽象的二分法如果分解得足够细致,研究得足够

---

①　directive,法律指令。散见 Duncan Kennedy, "Form and Substance in Private Law Adjudication," 89 Harvard Law Review 1685 (1976). pp. 1685～1778. 法律指令指的是这样一类语言:它们具有法律效力,规定了一定的法律后果,它们的目的在于让人遵守,并按照法律指令发出者的意愿去行为,一旦人们不去这样行为,就要承担一定的法律责任和不利后果。发出法律指令的人通常是立法者,包括制定法的立法机关,以及创制普通法的法官。法律指令在制定法的法条中、在判决书里都无处不在,它们是构成整个法律制度的细胞或砖瓦。任何法律指令中都包含着形式和实质两个层面,这些就是《形式与实质》的核心问题。

深入,可以无限地扩展到私法社会中的众多具体问题,引发法学界无休止的争论。肯尼迪的《形式与实质》所从事的工作,就是从各种各样的观点中,加以提炼、归类、梳理,结合具体情形,分析各自的利弊。这样的工作,往往需要阅读卷帙浩繁的著作和判决才能进行,而这样的工作对于法律实践和法学理论的发展,无疑是有助益的。在我们的社会中,谁也无法断言自己跟法律问题毫无瓜葛;而法律问题,是不会超越形式和实质这个二分法的。

在本章中,我将尝试对肯尼迪这篇著作进行介绍性的解读,当然其中也有笔者的理解和例证。

本文将分为三个主要部分。

第一部分,介绍肯尼迪所提出的形式问题。形式可以如何分类? 分类的依据是什么? 不同分类方法中的不同形式各有哪些优缺点? 这些分类的意义何在?

第二部分,介绍肯尼迪所提出的实质问题。引出现代法律中所必然具有的两种倾向,两种态度:个人主义和利他主义。这二者的概念是什么? 它们经历了怎样的发展历程?

第三部分,简略介绍肯尼迪的形式－实质联系观点,他指出在形式的选择和实质的选择之间具有紧密的联系,并运用社会道德观、经济分析、政治分析三个不同的角度,来具体验证这种联系,佐证自己的观点。

第二节　肯尼迪眼中的形式问题

对于法律指令的形式问题,肯尼迪提出了三种分类方法。一是根据"形式的可实现性"程度,分为规则和原则[①];二是根据"一般性"程度,分为一般的和特殊的;三是根据"形式性"程

---

① 原文为 standard,通常译成"标准",并不完全等同于 principle 原则,但为符合中国人的语言习惯,在本文中意译成和"规则"相对立的"原则"。

度,分为"形式性"法律指令和"威慑性"法律指令。三种分类方法都是二分法,每一个分类层面的两端之间都有一些不是很清楚的中间地带或模糊地带。

一旦弄清了这三个层面的各端的所表述的概念,就可以把任何一条法律指令套到三种分类方法中,它找到了所属的阵营,也就被赋予了一种形式上的品质或属性。于是,应当采用何种形式,何种形式对于人类法律生活更加适宜,这就成了人们纷纷研究的问题。在这些研究中,"情境研究"占有重要的分量,它结合使用形式的不同具体情况,来判断哪种形式更加有利,更加适宜,该应当采取。

任何事情都有利有弊,形式选择的利弊何在? 有的时候人们愿意承受某一事物的坏处而追求它所带来的好处,而在其他时候却坚决不愿意付出这样的代价。形式的选择也是这样一种事物。由于不同形式本身就藏有它的不同价值,可以作为价值判断的对象,在这里,形式本身就是实质,形式问题就包含着实质问题。

一、形式的三种分类方法

由于形式问题的特殊意义,一批在理论或实践上有建树的法律家纷纷提出自己的形式观点,其中有代表性的,包括边沁、奥斯汀、耶林、哈特、萨克斯、德沃金、韦伯、庞德、富勒、弗里德曼、昂格尔等,不同人的观点有融合也有交锋,肯尼迪借鉴和发展了他们的研究成果,并总结出三种研究形式的视角,分别被称做"形式的可实现性"(formal realizability)、"一般性"(generality),以及"形式性"(formality)。

1. 形式的可实现性:规则与原则

形式可实现性的概念,是耶林最早提出的[①],他使用这个词

_____

① R. 冯·耶林,《罗马法的精神》,R. von Ihering, Der Geist des Romsichen Recht §4, at 50－55(1883).

来描述一条法律指令在多大程度上可以实现它的形式。所谓实现形式，就是能够固定下来，得出确定的结果。人们阅读这种指令的结果必须能得出唯一的结论，而不能十个人阅读之后，就可能得出十种不同的理解。比如说，"21 岁"，这就是一个任何人读了都没有疑义的概念，而对于"合理注意"，则每个人都有自己的理解和要求。由这些确定的或不确定的概念组成的法律指令，即"21 岁为法定权利能力年龄"，以及"履行合同中须尽到合理注意义务"，就分别构成形式可实现性极强和极弱这两个极端：前者，就是所谓的"规则"，后者，就是作者所说的"标准"（standard），或称原则、政策，为符合语言习惯和通常理解，本文将使用"原则"一词，来指代这样一种带有价值平衡色彩的"衡平标准"。

形式可实现性很强的法律（如规则）要求确定性，这必然要求法律指令的形成须依据事实，而不能依据价值，法律制定者要求法律适用者只能作出事实判断，而不能把自己的价值观融合在判断的过程中，也就是说，他没有什么自由裁量的余地。形式可实现性很弱的法律（如原则），往往在法律指令中直接体现着立法的实质目标，比如本文题解中引用的判决书文本中，当立法者要求以"公序良俗"原则来处理民事活动，他在法律中体现了他的直接目的："维护社会的公序良俗"，在这篇判决书里，法官就是依据原则而不是规则判案的。

与任何事物一样，形式可实现性很强的法律，也就是规则，也有它的利与弊。它的两大优势就是：第一，防止官员专断和任意裁量，由于对原则的定义、解释都会出现种种模糊的情况，原则是飘忽不定的，这就给适用原则来决定案件的法官提供了徇私舞弊、暗箱操作、枉法裁判的空间，而定义明确、整齐划一的规则，却可以防止这种弊端的发生；规则的第二个优点就是确定性，它给公民指引了一条明路，该做什么，不该做什么，法律说得清清楚楚，守法就可以享受法律带来的安全稳定，违法就必然带来法律规定的特定恶果，这就是法律的可预测性。

　　但是,规则也有它的弊端。其中最为人所诟病的,就是规则对于实现立法目标的不准确性,它有的时候会漏掉一些应该被包含在规则里的情况,有的时候还会把一些不该包含的情况包含进去。用规则来打击不良现象的时候,有的时候会"放虎归山",有的时候会"错杀无辜",这就不利于实现制定规则的本来目的。以"21岁为法定权利能力年龄"为例,有的孩子15岁就心智成熟,比成人还要聪明老练,有的人到了25岁还没有独立生活的能力,不能从事正常的民事活动;在这些情况下,如果一概采用"21岁"这个可以精确到分秒的严格界线,实际上反而是一种不精确。同时,处在这个界线附近的人们,一线之差,两种命运,这看起来确实是没什么道理的。此时如果采用"自由意志能力"这样一个原则,反而会让廉洁高效的法官采用衡平的技术,判断一个人是否具有权利能力,带来一种事实上的精确性。如果说原则会带来一种官员任意裁量的专断,那么规则就会带来立法者机械僵化地统一口径的专断。这就是在追求规则的廉洁、稳定时所必须要付出的不廉洁、不稳定的代价。肯尼迪用过度涵盖和不足涵盖①这两个词语,来指称规则的这个致命弱点。

　　2.一般性:一般的与特殊的

　　形式的第二种视角是法律指令的一般性程度,一般性越强,一条法令的涵盖范围越广,越容易适合解决更多的问题。"禁止携带危险物品上火车",就比"禁止携带枪支弹药上火车"具有更强的一般性,后者相对来说就属于特殊的。

　　对于规则和原则来说,一般性有它的好处,也有坏处。由于规则与生俱来的过与不及倾向,一般性越强,被涵盖进一个

---

　　① See Duncan Kennedy, "Form and Substance in Private Law Adjudication," 89 Harvard Law Review 1685 (1976) p.1689。over‐ and underinclusiveness, 过分与不足涵盖,本文有时简称为过与不及;也可以分开使用,overinclusiveness & underinclusiveness 过度涵盖和不足涵盖。前者指把不合乎规则本义的情况包含在规则之内,后者指把合乎规则本义的情况排除在规则之外。

规则中的情况越多,过度涵盖的问题就越加剧,同时不足涵盖的问题也越明显。如果说"21 岁为契约能力年龄"这一规则必然产生过与不及,那么"21 岁为民事行为能力年龄"这一相对宽泛的规则,必将具有更严重的过与不及问题,更加不精确。如果适用原则来进行衡平,根据人的"自由意志能力"来判断是否成人,具体问题具体分析,那么即使一般性更强一些,也不会出现不准确的情况。

但是,如果一般性一律很差,所有法律全都是特殊的规则,那么即使每一条规则的形式可实现性都很强,很明确,比如对于结婚、签合同、开车、侵权、选举,都规定有不同的能力年龄,却缺乏一般规定,那么面对一个具体案件,很可能法官找不到适合的法条,发现漏洞,也可能出现冲突,发现案件的界定很模糊。这样,就相当于缺乏形式可实现性,因为不能得出公开而确定的答案。所以,一个法律系统的特殊性太强是有损形式可实现性的。不仅如此,规则的一般性也有助于减少法官造法的情况,遏制法官的自由裁量,因为它使得规则的数量更少,法官在面对一个案件的时候没法从一堆可选择的法条中挑选,只好遵从规则的统一规定,这就很少有机会加入自己的价值判断了。

因为对原则可以进行对规则所不能进行的衡平,这就消除了规则所固有的过与不及弊端,对特殊情况适当运用原则,是有益于个案公正的;同时能够开创新的先例,进入私法判例法系统,甚至形成新的规则,填补私法的漏洞。但是,由于原则固有的任意裁量专断性,如果法律系统中绝大多数都是一般性原则,那么案件的决定权大量掌握在法官个人手中,势必会造成司法腐败、草菅人命等人治社会所特有的现象。理想的法治,一般意义上的法治(rule of law),应当同时是"规则之治"。

总之,一位法律指令发出者可以在规则、原则和一般、特殊之间,选择不同的组合,从而带来不同的实践效果。没有任何一种选择能够排除其他选择,宣称自己能够达到形式的最佳境界。下表是根据肯尼迪的分析总结出来的矩阵,它反映了四种组合各自的优缺点①。

	规则	原则
一般	优点:减少司法造法和任意专断。缺点:范围越大误差越大,过与不及越严重。	优点:没有过与不及,衡平有利于准确地实现立法目标。缺点:法官裁量权大;秘密造法。
特殊	优点:适当减轻过与不及问题。缺点:增加司法问题的数量,容易冲突、模糊,损害确定性	优点:对特殊情况适用原则,可以丰富普通法规则体系。缺点:法官裁量权大;秘密造法。

3. 形式性:形式性的与威慑性的

这是肯尼迪对形式所作的一种更为抽象复杂的分类方法。所谓威慑性的法律,全文是"用来阻吓不当行为的规则"。其中的不当行为,指的是一种道德上应受谴责,损害他人,危害社会,让人无法接受的行为;所谓阻吓(deter)不当行为,是指以消除这些不当行为为目的,对它们的实施者加以某种制裁,从而防止这类行为的发生。为了与形式性对应,我们将这类规则的特征简称为威慑性。在私法中最典型的这类规则出现于侵权法领域,它们是为了防止侵权行为,威慑潜在的侵权者而设定的。

可是,还有另一类几乎不具有任何威慑性的法律,它们对社会生活和日常交易起着便利、润滑的作用,能够促使私人活动有序进行。然而,它们未设定任何制裁,更没规定谁对谁错,它们只是一些纯技术性的规范。规定财产转让方法的法律、合同法中有关正当手续的规则,就属于这类形式性法律(formalities)②。

---

① See Duncan Kennedy, "Form and Substance in Private Law Adjudication", 89 Harvard Law Review 1685 (1976) pp. 1689–1690.

② formalities, 散见 Duncan Kennedy, "Form and Substance in Private Law Adjudication"。指的是具有 formality 性质的一类法律,formality 形式性,肯尼迪曾著文专门讨论形式性问题,见 Duncan Kennedy, "Legal Formality", 2 Journal of Legal Study 351 (1973). 在这里,可译为"形式性规定"

　　形式性法律有两种功能，分别被称为警示功能和证据功能。所谓警示，是告诫当事人，如果想实现什么样的法律效果，就要按照法律规定的正当完备的手续（如签字）去进行，否则，有可能被宣布为无效而蒙受损失；所谓证据功能，是说如果你符合了形式性法律规定，就可以把已经履行了正当手续的文书等证据拿到法庭上，来主张权利。这样，形式性规定所要求的法律手续，就成了当事人向法官传达他们意思的媒介。

　　如果说形式性的法律毫无威慑性或者制裁性，这也不对。因为这类法律仍然插手了私人意思的纠纷，要对其间的矛盾进行某种干预，它要求当事人严格遵循它所事先规定的意思表示方式，只有这样才可能达成他们想要的结果，比如只有签字，合同才可能生效；如果当事人对这一规定不予理睬，就会受到一种制裁：合同不产生法律效力。但这种制裁与威慑性法律的制裁属于不同的性质，最大的区别在于，它没有给任何一方当事人以道德评价，制裁并非因为实质上应受谴责的道德问题，而只是因为形式上不相符，可以说，这种制裁是为了引导人们做出某种行为：符合形式规定。相反，威慑性的法，如刑法，或者宣布有违社会公共秩序的合同无效的法，它们的制裁是为了防止人们做出那些不正义的行为。

　　可是，在实践中想要清楚地把形式按照这一分类方法一分为二，这是不太容易的。肯尼迪指出有两个原因造成了这种困难，第一个是形式性的法律带有的某种制裁性、威慑性，第二是存在着一个包含大量法律类型的广阔的中间地带，很难把它们归入单纯的形式性领域或单纯的威慑性领域。首先，区分形式性与威慑性，常常看法律之中有没有规定惩罚或制裁，而大部分形式性法律的遵守并不是不需要付出代价的，签合同、聘请法律顾问、熟悉法条都要付出金钱和时间，这些都是成本，有时候高得让人望而却步，所以，形式性规定不仅仅是警示和证明这么简单，而且还具有了某种威慑性，这样就很难把形式性和威慑性的法律截然划分开来。

　　其次,那些中间性的法律制度明显同时具有形式性和威慑性。在它们所适用的事实情况中,可能发生了一方对另一方的损害,但这种损害还算不上是极为恶劣的,还没有达到道德败坏、危害社会的地步;这类规则预先规定了在某种情况发生时的解决办法,以免当事人之间没有达成事前的协议来解决这些情况。肯尼迪列举了四类这样的中间性法律制度。一是规定非合意性的注意义务的法律,比如侵权、财产纠纷、信托纠纷、违反履行合同的"诚信"要求,等等;第二类是关于违反法律义务但存在抗辩事由的规则,这些抗辩事由包括错误、履行不能、与有过失(受害人对损害的发生也有过失)、权利人怠于行使权力等等;第三类是合同等法律文本的解释规则;最后一类是规定损害赔偿的法律制度。

　　这些中间规则的共同特征是模棱两可,它们的实质性(威慑性)和形式性都是有限的,没有达到两个极端的程度。这些条款往往可以通过事先规定而不必事事由当事人约定,来减少交易成本,从这点来看,它具有与形式性规则相同的便利作用;同时,立法者对于这种违背义务情况的发生,是持否定态度的,这体现了一定程度的道德评价,这一点又与威慑性的法律制度相同。以损害赔偿为例,它可以是补偿性的(赔偿刚好弥补造成的损失),也可以是惩罚性的(赔偿超过损失),它反映了一种道德要求:人要自己承担自己行为造成的全部结果,如果行为给他人造成损害,就需要由行为者来补偿;但虽有道德要求,却并没有把违约或侵权这样的行为像犯罪那样看待,命令人们不能越雷池半步,否则将付出惨痛的代价。这类规则好像一个事先开列的价目表,规定着人们侵权要付多少钱、违约要付多少钱、如果有抗辩事由要付多少钱,等等,这样人们就可以去自由选择从事他们的越轨行为,同时付出相应的代价了。

二、对三种分类方法的组合

威慑性的和形式性的法律指令都可以用一般的或特殊的规则、一般的或特殊的原则来表达。如果把形式可实现 VS 形式不可实现、一般的 VS 特殊的，以及形式性 VS 威慑性这三个形式的尺度结合在一起，构成一个立体网络，理论上任何法律指令都可以找到自己的位置，确定自己的形式属性，如下图所示，法律指令 A 就是一个具有很强形式性、形式可实现的较为特殊的规则。

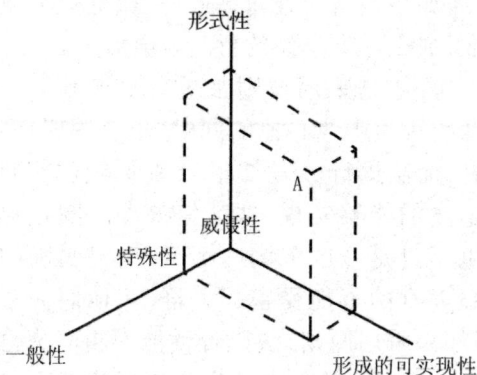

尽管形式性的法律一般都是规则，例如商事活动中的大量技术性规定，很难想象把形式性的法律表述为原则，但在法律实践中是可能的，法官可以利用一些原则来宣布合同因不符合形式要求而无效。而威慑性的法律用规则和原则来规定都很常见。对于用何种形式来规定威慑性法律和形式性法律比较适宜这一问题，法律家们说法不一。有这样两种主张：对于威慑性法律来说，原则性强一些可以起到更大的威慑效应；而对于形式性法律来说，一般性和形式可实现性有利于人们愿意为遵循这类法律规定而投入成本。

1. 威慑性法律的形式选择

主张采用原则来规定威慑性法律的人们认为，由于规则固有的过度涵盖与不足涵盖问题,选择规则必然会使一些犯罪分子逍遥法外,使一些无辜良民蒙受不白之冤,这就是前面所说的"立法机械性"专断,而采用原则来判罪同样是专断,这是一种"司法任意性"专断。如果必须二者选其一,那么这两种专断哪种更可以接受呢? 有人认为还是采用原则更好,这有利于更好地阻止那些有可能犯罪的人,利用规则的不足涵盖(放过应受惩罚的坏人),去"打擦边球"而逃脱法律制裁。因为原则的不确定性使他们惧怕(chilling)。打个不太恰当的比方说,如果盗窃只有达到500元才惩罚,那就会鼓励接近而不超过500元的小偷小摸,而如果盗窃的处罚是依据"数额较大或偷窃成性"这样一个标准,那么这类小偷的行为就会减少。

也有人认为,还是采用规则来进行威慑利大于弊。第一,原则在使不良的行为胆战心惊的同时,也会同时使许多正当的行为战战兢兢,无法进行。第二,由于在原则的规定下,对坏人的制裁不一定真的能够实现,这就使得许多制裁形同虚设,规定得再严厉也不过是吓唬人的。第三,规定明确的规则,可以警告那些粗心大意的可能受害的人群,让他们注意自我保护,以免受害,但如果采用原则,法律告诉他们粗心大意不要紧,法官会为他们主持公道,那么疏于防范的事情就会时有发生,有违立法的目的。

2. 形式性法律的形式选择

形式性法律应该采用规则还是原则更好呢? 采用一般规则,正如威慑性法律一样,还是会有过度和不足涵盖的问题。尽管如此,仍有人赞同采用一般规则,理由包括:

第一,形式性法律涉及人们传达成本和传达意愿的问题。形式性法律规定的是一种私人向法官传达他们意思的方式,比如签订了一个合乎规定的合同,就可以向法官传达自己曾经和对方建立了法律关系,而签合同并非人人在不知法的情况下都能完成,必须经过对法律的熟悉,甚至要聘请专业人士帮忙,这就是一个对形式性法律的学习过程,学习就要付出努力和成本。如果把形式性法律用明确的规则来规定，那么每个人都会很容易去学习；而在由原则构成的法律制度下，由于存在着被任意裁量的风险，可能辛辛苦苦学会做好的东西，被法官根据一些看不到摸不着的东西判定无效，也可能撞到好运气，不用去学习就得到意外的回报，所以人们往往不想去学习，因为这样虽然收益不大，但风险也不大。

第二，在由严格的一般规则构成的制度下，人们循规蹈矩的行为很少被宣布无效，这就在很大程度上抹杀了过与不及涵盖的弊端。因为，规则的形式既便于了解也便于预测，使所有人都按照规定的样式有序地活动，积极采取行动预防可能发生的不良后果。相反，在原则的制度下，由于人们纵容自己的不谨慎行为，事与愿违的情况就时有发生，造成更多的损失。

最后，规则会鼓励人们之间的交易，因为只要人们遵守了它，它就会保证人们的意图都能实现，如果没有这种保证，人们从事交易是要冒一定风险的。

同时，由于把规则一般化可以降低人们的学习成本。这就是许多人主张在合同法、侵权法等领域，使用"形式可实现的一般规则"来构建私法体系的原因。

但是，肯尼迪对此却不以为然，他给出了两点理由，给那些规则的坚决拥护者们以致命的一击。他指出，认为规则比原则更管用是有两个前提条件的：

第一，当事人能够而且愿意学习"形式语言"，把形式性法律掌控在手里为己所用。

第二，现实中可以保证纯粹的高度形式化的法律制度。

肯尼迪说，这两个前提条件在现实中是满足不了的，所以规则的主张仍然有问题。

第一，学习形式语言只是大商人愿意做也能够做的事，而平民百姓因为不懂而不会做（如我们租房很少签订书面合同）。而处于二者中间的生意人因为种种原因而不愿学习，包括司法风险，律师成本，法律专业技术难于掌握，等等。人们在日常生活中,很少会考虑"无效制裁"①的问题,虽然我们每个人都生活在由私法制度构成的网络中,但法律与我们的关系总是那样若即若离,很少有人注意到它的存在,并在行动之前估计到法律后果,把它纳入利害得失的计算中,"法律只有在事态发展到所有调整争端的私力救济机制都不能奏效这样严重程度的时候,才会站出来干预"②。

退一步讲,即使双方当事人都会掌握法律规定,但由于不同人之间谈判力量的差异,同样的制裁或激励对双方会产生不同的效果。在一个规则组成的制度体系中,这样的谈判力量差异就更加得到加剧,利用法律漏洞来规避,利用对方无知而欺诈,这些现象就会更多地发生。

第二,实际上,那种所谓高度形式化的纯而又纯的体制,是根本不存在的,再清晰明确的规则也离不开法官的裁量,如,对不同概念的界定、对不同解释方法的选择、对冲突的普通法文本的选择,这些都需要法官凭个人意见去进行。而这些隐蔽的衡平,不断地破坏着形式可实现性,已经把公开的规则变成了隐蔽的原则。法官在适用规则的时候畏首畏尾,投鼠忌器,生怕遭到非议,结果导致僵化判决——形式腐败,形式主义的判决不仅不利于个案的公正,也造成了恶劣的先例影响,使整个私法体系受到侵蚀。

至此,我们已经全面了解了肯尼迪所提出的形式问题,人们会追问,对形式到底应该如何选择? 怎样设计私法制度才对现实生活有最多的好处? 对于形式问题的核心选择——规则与原则,它们的选择对现实有何影响,现实对它们的选择有何种

---

① the sanction of nullity, 无效制裁,或者"无效的激励作用"。这种"无效制裁"指的是法官会因为私人从事行为时未能符合形式性法律的要求,而判决否定当事人行动的效力,让他无法达成目标的一种制裁手段,同时也因此能够激励当事人去尽力符合形式性法律要求,所以两种说法都可以。

② See Duncan Kennedy, "Form and Substance in Private Law Adjudication," 89 Harvard Law Review 1685 (1976) pp. 1699.

影响？为回答这些问题，"情境研究"的方法应运而生。

三、情境研究：研究形式选择与适用效果的关系

肯尼迪在《私法审判中的形式与实质》的第二章中强调了形式的复杂性，不可能存在一种普遍适用的形式，可以应用于整个私法体系。也就是说，规则与原则二者的使用并不是水火不容的，立法者会分析二者各自的利与弊，决定在两种形式或者混合的形式之间，采用哪一种更为适宜。

人们一直认为，对法律的形式采取何种选择，会影响到法律适用的社会效果，因此，这样一种"从选择到效果"的思维方式，就决定着人们如何设计法律制度，以达到好的社会效果。情境研究（contextualization）是一种把"情境"和"目标"都作具体分析的研究方法，情境，是指立法者在立法时所要解决的某些事实问题的组合；目标，是立法者试图通过对这些情境立法所达成的目的或收到的效果。社会工程方法和社会科学方法是情境分析的两种典型方法。

1. "社会工程"方法

"社会工程"方法是庞德开创的，他在《司法决定理论》[①]中指出，不同的立法对象（subject matters）决定着不同的形式选择。财产法和商法，非常适合于机械适用的严格规则；而关于人的行为和企业行为的法律，则非常适合于依赖直觉的原则。庞德得出这样的结论，其过程就是通过"社会工程"。

庞德既看到单靠原则来衡平不可能解决所有问题，因为这危及交易安全；也看到规则的确定性是靠不住的，只是人们的空想，真正可行的方法，只能是"社会工程"。"社会工程"的过程是，通过社会的成本收益率的计算，考察如何进行形式的选择才能使其最大化，从而作出选择。庞德借助这种方法，否认了"概念论"的观点：从一些古老观念推演，就能得出全套今天

---

① 庞德，司法决定理论，III，哈佛法学评论，940（1923），at 951.

的法律体系,得出一种普遍适用的非此即彼的形式选择。

庞德开创了把形式选择和适用形式的特定领域相联系的先河。可是,庞德的社会工程方法并没有多大的说服力。关于人的行为能力问题,人们并不是都认同适用原则,而是说法不一,有人认为①在某些社会变革最激烈的领域,如未婚妈妈的待遇问题,它涉及道德观变革所提出的新问题,原先被普遍认同的规则已经不再适宜处理这类问题。也有人认为②,正因为如此,才必须要通过严格的规则来重新界定这些道德变革领域中提出的新概念,因此,行为领域并不是一味适用原则的。再比如,对于商法适合规则的主张,美国《统一商法典》就是最好的反例,它恰恰包含了大量的原则,例如"合理"、"善意"这些观念,因为它们在实际应用中,反倒比凌乱复杂的规则系统带来更多的可预测性。

2."社会科学"方法

"社会科学"方法是情境分析的另一条道路。它并不把"社会利益"看做一个整体,提出它对于立法者采取何种选择所起到的引导作用,而是把社会的司法活动分解为不同的集团。如果说立法者对形式的某一次选择会对某一个集团有益,而对另一个集团有害,那么从集团的角度来说,它们要实现自己的政治目的,就必须采用适当的形式。具体说来,处理立法机构内部的关系,处理立法机构和其他机构之间的关系,处理一个机构与其他机构之间关系,都各有其合适的调整方法,不能一概而论。

---

① See Tribe, "Structural Due Process", 10 Harv. Civ. Rights—Civ. Lib. L. Rev. 269, 307 (1975).

② See Heymann & Holtz, "The Severely Defective Newborn: The Dilemma and the Decision Process", 23 Public Policy 381, 410 – 16 (1975).

（1）对于立法机构①内部来说,原则是推动变革的有力武器。比如在一个法庭内部,新法官如果想要反对旧规则,实行改革,如果他足够明智,他就会选择提出新的原则。因为采用原则比之直接提出一个新规则而言,更为平缓,更为中庸,更容易被多数人接受,而不必冒否决先例的危险;同时,也便于事后进一步调整改革的方向,用一次次的适用来摸索经验,为产生更加妥当的新规则作好充足的准备。

（2）对于立法机构控制其他机构的行为来说,一般规则是较好的策略。例如在法院控制警察机关刑事侦查行为的过程中,如果适用原则,就总会需要有一些用来具体执行这些原则的方法,新的规则不断产生,因为规则的可执行性很强,而原先的原则很容易被架空,这就使法院陷入了两难困境。形式可实现的规则可以避免这个问题。但是,立法机构控制其他机构的行为也不一定全部都使用规则,原则的弱点是以存在着科层化（bureaucratic）成本为条件的,如果没有成本或成本很低,上级反而更愿意用原则来控制下级,这样会让自己的自由裁量权扩大,同时使下级诚惶诚恐地认真履行职务。

（3）对于法院和其他立法机构的关系来说,适用规则来扩张法院权力,同时不必遭到司法机关篡夺立法权的质疑,这是一种战术策略。适用规则可以使法院具有合法正当的表象,因为规则既能制约立法中的任意因素,又能掩盖司法中的任意裁量。而如果适用原则,却往往会给法院带来任意专断的坏名声。

我们可以看到,无论是"社会工程",还是"社会科学",情境研究都具有一些共同的特征,它反对那种把一切都一刀切的态度,它不迷信规则,更不迷信原则,而是要求对具体问题加以具

---

① Lawmakers 在这里,立法机构并不是通常意义的立法机关 legislature,而是广义的立法者,只要能够创制规则或原则,就成其为 lawmakers,其中不仅包括立法机关,而且还包括一个正在处理案件的法庭,即一个能够造法的法官群体。

体分析，无论是对于不同类别的法律，还是对于不同阵营的人群，都要区别对待。情境研究对规则或原则的选择没有特别的偏爱，它强调哪种选择对实践更有益，就采用哪种选择。从这点上说，情境研究无论是与法条至上、牺牲实质来成全形式的法律形式主义相比，还是与彻底摒弃对形式的迷信、开诚布公地进行衡平的法律现实主义相比，都有着很大的进步性。

肯尼迪接着指出，虽说情境研究是把形式和实质相联系的一种可行办法，但它的不确定性很强，无论哪种形式的选择，都不过是一种政治策略，一种改革者的选择。情境研究不考虑形式中内涵的实质性，呼吁一种单纯的效率计算，而且也没有说明，究竟这种选择影响结果的过程是如何发生的。所以肯尼迪提出了形式本身的实质性，也就是，抛开要解决的法律问题不谈，单独分析"规则"、"原则"自身有哪些优缺点，这就开创了把形式与实质相联系的一种新思路。

四、把形式作为实质来判断

情境研究过分强调形式的工具性或策略性，让形式服务于实质，却忽略了形式自身也有独立的价值，也可以脱离它所适用的实质内容而具有它自己的实质性，通俗地讲，就是某一种形式本身被人们认为是怎样的，这样的方法和情境研究一样，也能够把形式和实质联系起来。

肯尼迪在他的书中列出一个清单，从大量对话或争论过程中总结出规则和原则两两相对的优缺点[①]。

	规则		原则	
好处	坏处	坏处	好处
中立	死板	偏见	灵活

---

① 这两个表格取自 Duncan Kennedy, "Form and Substance in Private Law Adjudication," 89 Harvard Law Review 1685 (1976) p. 1710.

统一	千篇一律	偏袒	个别化
精确性	固守(anality)	不精确	创造性
确定性	强制性	不确定性	自发性
自治	疏离、异化	极权主义	参与
权利	既定利益	专治	共同体
隐私	孤立	干预性	关注
效率	漠不关心	感情用事	公平
秩序	保守	混乱	演进
严格	严苛	放纵	宽容
自立	小气	浪漫主义	慷慨
边界	壁垒	侵犯	同情
稳定性	僵化	瓦解	进步
安全	受威胁	依赖	信任

　　表中这些带有浓厚价值判断色彩的词语,反映着不同人对于规则和原则具有着完全不同的看法。更有甚者,规则和标准的对立,本身就是存在矛盾的,就算每个人自身都可能同时有着支持规则和支持原则这两种对立的情结,而且在各个方面,只要换个角度,规则和原则就会有看似相同的属性,比如二者都是合道德的、自由的、公平的,或者二者都是道德主义的、专断的,等等,如下所示:

规则		原则	
好处	坏处	坏处	好处
道德的	道德主义	道德主义	道德的
(按规则办事)	(把严格当正义)	(把直觉当正义)	(对情境开放)
自由			自由
公平	机械武断	主观武断	公平
平等(机会平等)	在巴黎桥下睡觉的权利	屈从他人的价值判断	平等(事实平等)
现实主义	犬儒主义	浪漫主义	现实主义

　　这些价值判断,使得评判规则和标准这一任务本身,成为一项不可能完成的任务。肯尼迪指出,与情境研究不同,自己

的目的不是主张哪一种形式更有利于社会,而是把形式问题与形式背后的实质问题联系起来。这一过程,是通过确立实质层面的二分法,并运用矛盾的、历史的、辩证的、或结构主义的分析方法,来揭示形式问题的深层本质而实现的。这个实质的二分法就是后面两章将引出的个人主义与利他主义。

肯尼迪说,他在本书通篇的假设条件是:

第一,人类价值观和世界观的矛盾是不可化解的,是永恒的。

第二,即使矛盾不可消除,仍然可以发现一些秩序或方法,这些发现将是有价值的。

第三节　肯尼迪眼中的实质问题

为了建立形式问题和实质问题的对应性,肯尼迪从第三章开始构建实质二分法,即个人主义与利他主义两种理念。每一种理念都有着极为丰富的内涵,而且从它们产生以来就处于不断的变化之中,所以要想全面把握两种对立理念的内容,离不开对历史上各个时期的对立内容的描述,在第四章中,肯尼迪开始进行这种历史的追溯,把个人主义和利他主义之争的各个阶段的不同特点呈现在读者面前。

一、个人主义和利他主义的内容

1. 个人主义理念

个人主义理念认为,个人利益与他人利益是有着明显的区别的,人们为了追逐自我利益而从事的行为是正当的,同时人们也愿意遵守维护他人利益的法律。个人主义者的标志就是坚持自我依赖(self - reliance)①,反对与他人分享自己的奋斗成

---

① self - reliance 自我依赖,包括几层含义:依靠自己,信赖自己,自食其力,不受他人侵犯,同时不妨碍他人自我依赖,而不仅仅是单纯的"自立"。

果以及为他人作出牺牲。一个个人主义者可能会说："人不犯我，我不犯人，我不用你帮我，我也不想帮你，除非给我一些好处。"这样的观念和我们熟悉的"互不侵犯"、"互不干涉内政"似有异曲同工之妙，可见，个人主义的观念是相当普遍和深入人心的。

个人主义伦理可以用来解释很多基本法律制度的正当性，如刑法、侵权法、财产法和合同法等。这些法律制度都是为了规定和保护某种权利，限制人们发生由于追求自我利益而侵犯到他人利益的情况。无论是盗窃别人的财产，还是通过欺诈取得别人的利益，还是因违约使对方蒙受损失，都是由于侵害人不能够自食其力，而是取得别人的劳动果实，而受害人却要为保护自己的劳动果实付出代价。这些都可以用个人主义理念的自我依赖要求来解释。可见，个人主义根本不同于人们通常理解的极端利己主义，后者是损人利己的，而前者在利己的同时几乎不损害他人利益。在极端利己主义者看来，因为每个人之间的关系都是弱肉强食的"狼与狼"的关系，所以法律的作用是避免人们自相残杀，发生内战①。而个人主义认为法律不是为了单纯地防止暴力和社会混乱，而且包含一种道德因素，这种道德要求的强度丝毫不逊于利他主义，法律体现了人们的理想追求，那就是在经济领域保护个人劳动果实的安全，在政治领域维护个人的自由意志、独立和天赋的人权②。

在美国的法律思想中，个人主义思潮在它产生以来的二百多年历史里，一直是十分活跃的，但不同时期其内容的变化很大。总体上，它反映出法律创制者所持的一种态度：在一个由权利组成的法律框架内，追求自我利益是正当的。但是，这种"正当性"是有待证明的。如果说这种正当就是一种道德上的

---

① T. Hobbes, Leviathan 109 – 13 (Oxford ed. 1957).

② J. Locke, Two Treaties of Government (Laslett ed. 1960), at §13, §§ 123 – 26.

"善",那么它显然没有达到传统道德观念尤其是基督教伦理所要求的"善"的要求。既然如此,个人主义该如何证明自己的正当性呢? 法律思想家们提出了几点支持个人主义,反对国家干预个人追逐自我利益的理由。

第一,个人主义的立法看似维护某些个人的私利而损害其他人的利益,但那只是表面现象,在"看不见的手"①作用下,这样的安排是有利于社会整体利益的,甚至有利于表面上受损一方的利益。所以,个人主义立法并不是真的存在着道德问题。

第二,虽然每个人自私自利、不顾他人利益的行为是一种"恶",但是国家动用法律来干预这种行为是一种更大的"恶"。这是因为,人性是无法通过法律来改变的,同时国家干预可能会导致官员在道德旗帜下干不道德的事,动辄以道德为借口实施专制。个人主义劝说人们要"咬紧牙关"(clenched teeth),纵容一些小"恶",来防止更大的"恶"发生。

第三,法律不同于道德,就像"正确"不同于"善"②。道德上有误的事情中,应当有一些是用不着国家来干预的。法律只能是最低限度的道德。同时,从"人格"等基本概念推演出来的个人权利是不可剥夺的,当国家要求个人为他人利益而卖力的时候,个人权利就可以用来对抗国家权力。

2. 利他主义理念

尽管个人主义理念在美国法律思想中占据着几乎是霸主的地位,但还是有一个理念持久地、深入人心地与它抗衡,那就是利他主义理念。与个人主义相反,利他主义的核心理念是仁慈,因而鼓励人们与他人分享和为他人牺牲,反对把个人利益

---

① 指亚当·斯密"看不见的手"理论,大致内容是,个人在经济生活中只考虑自己利益,受"看不见的手"驱使,即通过分工和市场的作用,可以达到国家富裕的目的。

② 似乎可以这样理解:right 既可以解释为权利,也可以解释为正确,good 既可以解释为利益,也可以解释为"善",法律只规定什么是对的,去维护权利,而道德要求人们去做善事,去保护利益。

凌驾于他人利益之上。分享是一个静态的概念，是对产品分配的重新调整，它包括把自己劳动所得的财物用来满足他人的需要，因为别人的满足和自己的满足至少是一样重要的；它也包括主动分摊他人的损失、风险或厄运，把它们转移给自己。牺牲则是一个动态的概念，是指为了增加他人利益或减少他人损失，而积极地采取行动，损害自己。共享和牺牲与个人主义所倡导的"交易"是对立的，它们是非互惠的，或者说互惠的程度极低，人与人之间须体验一种"团结"的精神，那是一种既希望能够从帮助他人中获得回报，又心甘情愿地准备好得不到任何回报的感觉。"交易"则不同，它是一种事先明确规定了等价物的资源交换，人们对于得到多少回报不仅能够抱以希望，而且这种希望一般是不会落空的。

正如个人主义不同于极端利己主义，利他主义也不同于纯粹的圣人或彻底的集体主义。利他主义并不要求人们"团结"到每个人都要为他人的利益负责的程度，他们相信每个人都存在着一个独立的、自由的和隐私的行为领域，在此限度之内，自己的任何行为都可以不必对他人负责。在这一点上，利他主义和个人主义倒是不谋而合，只是限制的程度不同。利他主义为人们施加的利他义务的程度，发展到极端就是纯粹的集体主义。判断利他义务的大小要看以下三个方面：一是人们之间的共同关系、团结或亲密性程度如何；二是引起利他义务的行为从道德上是好的还是坏的；三是牺牲所获得的收益和所带来的损失之间的差别程度如何。举个例子，一种情况是，张三是李四的舅舅，带李四去游泳，李四不小心落入水中，张三由于熟悉水性，很容易就把李四救上岸来。另一种情况是，大学生王五和七旬老人赵六素昧平生，赵六自己失足落水，王五路过奋不顾身跳水相救，结果赵六被推上岸来，王五却失去了他年轻的生命。在这两个极端的案例中，张三和王五都自愿承担了一定的利他义务，但程度却有天壤之别，张三顶多能算做一个利他主义者①,而王五的行为却属于所谓的圣人主义或集体主义行为。

人们常常认为法律是个人主义的天下,往往否认利他主义在立法中的作用,特别是在私法中,因为私法对正义的维护很显然来自于对权利的尊重,而不是维护道德,推行利他主义价值。即使有一些法律能找到利他主义的影子,例如累进所得税、社会保障法、最低工资法,但人们也认为这只是对个人主义立法的事后调整。可见,在私法的背景下,利他主义是很难盛行的。

但是,很多基础法律制度中还是很容易用利他主义的视角进行分析的。例如在自然状态下强者可以对弱者使用暴力,但法律产生以后就对此类暴力行为加以限制,迫使强者放弃他的优势,去尊重弱者,这其实就是把自己的优势与他人分享或牺牲掉;又如侵权法规则迫使行为人在行为之前,不得不考虑对他人的伤害到底有多大,这是通过预先规定损害赔偿,把对受害人的伤害纳入侵害人侵权的成本来实现的。合同法也一样,人们在违约之前必须精打细算,衡量一下违约所得到的好处和给对方造成的损失(这是用违约赔偿的方式被纳入违约成本的)相比,究竟孰轻孰重。

反对用利他主义来审视规则的人们提出两个反对理由:

第一,用权利和正义来审视规则,远比用利他主义更令人信服,尽管个人主义的这一主张在现代越来越受到挑战,人们越来越相信,权利是随规则而来的,而并非凭空产生一些权利,之后才出现了保护相应权利的规则。

第二,规则对于推行道德是很软弱的,所以不能用道德来审视规则,需要开辟新路,这条新路如果不是"权利",那也是通过"维护市场经济的社会基础",或者在社会上占统治地位的政

---

① 这基本已经可以算做个人主义的行为标准了,毕竟张三对李四是具有一定的照顾义务的。

治经济集团的目标,来加以说明①。

肯尼迪认为,这些批驳利他主义的观点虽有一定道理,但经不住推敲,他给出了四点理由:

第一,这里所说的利他主义和个人主义并非判断事实情况的绝对标准,而只是作为利他－个人主义连续体(continuum)中的两个极端。即使最不合乎道德的法律制度,也会要求人们履行一定的利他义务,如果这么说,那所有法律都是利他主义的,那么这种分析就没有意义了。

第二,某些法律制度相对其他法律确实更具有利他主义特征。尽管规则的变革往往是由那些可能在变革中受益的人们推动的,但这种变革确确实实是增加或者减少了法律中的利他主义义务。

第三,对市场经济的维护,社会强势集团的利益,这些工具性的目标太粗糙,并不能解释法的详细内容和具体问题,这些细节问题往往跟那些宏大的考虑没什么相关性。而采用利他主义来解释,对于禁止买方违背卖方利益的投机行为,或者对于由违约方来承担对方因自己违约造成的损失——提供损害赔偿,这样的解释倒更加清楚一些。

第四,在19至20世纪发生的以严格责任、环境责任为代表的私法改革运动中,在各派进行的辩驳中,保守派指责自由派"破坏市场体制",而自由派指责保守派"庇护大商人利益"。随着自由派不断攻击保守派所支持的19世纪的"严格"规则,后者已经形成了一套复杂的知识体系,它不仅与特定的政治经济集团相关,而且更是意识形态的产物,所以,当人们以利他－个人主义来解释法律制度时,不应当受到阶级学说、社会功能学说这种解释方法的非议,两种解释方法是相辅相成的,而不

---

① 马克斯·韦伯善于运用这种社会功能方法。相关资料见 Duncan Kennedy, "Form and Substance in Private Law Adjudication," 89 Harvard Law Review 1685 (1976), p. 1720, 注释82。

是互相排斥的。利他主义解释方法的作用在于,它确实把握住了私法改革中人们争论的一些关键问题。

最后,有反对意见认为,法律根本做不到强迫他人去以一种利他的方式去行动。作者认为,虽然利他主义要求人们"体验"(experience)团结并为之付出代价,这远远不停留在法律强迫的层面上,但通过法律去推行利他义务,激励利他行为,让人们想亲身"体验"了利他主义动机一样去行为,这正是法律的初衷和最终目的。最理想的社会,恰恰是人人都以利他的方式去行为的社会①。

3. 利他 - 个人主义二分法的方法论问题

肯尼迪认为,个人主义与利他主义之争确实存在,尽管这一对概念存在着许多方法论上的问题。它们的定义既不是来自可以量化分析的经验性描述,也不是来自从现实中抽象出来的逻辑推演。它们的定义是从大量有关政治、经济、法律和伦理的文献中提炼出来的,肯尼迪相信这些抽象的概念可以对现实作出回应,而不必顽固地纠缠于概念本身的存在与否。

既然接受了概念,就要首先注意使用这些概念的所带来的方法论问题。

首先,利他主义和个人主义可以从同样的素材中归纳出来。同一个判决书中既可包含利他主义内容也可包含个人主义内容,日积月累,一个法官的著述就可以完全包含利他和个人主义两种理念的全部内容。而判决书中体现着哪一种理念,这与法官本人的品性没有关系。所以有必要澄清,本文中所谈到的"利他的立法者",指的是利他主义主张的支持者,而不是利他主义人格者。

其次,从一个法官所阐述的判决或司法意见中,很难直接看出法官的真实动机,更难把握它的实践后果。某一个判决可能同时推进利他主义和个人主义两种价值,也可能对两种价值

---

① See R. Unger, Law in Modern Society, 203 - 16 (1976), at 214 - 16.

都无所裨益。

最后,很难说明利他主义和个人主义是如何对某一个判决"负责"的,对于某一种事实情形来说,如果说利他主义比个人主义更行得通,那么是不是事实情形中的那些因素使它更为适宜,这一点是很难解释的。

遗憾的是,很少有人去关注这类问题,法律家们更多信赖自己的分析技术,很少相信利他主义和个人主义的解释,认为通过事实发现和逻辑推理就足以得出令人满意的结论。然而,越来越多的人承认"权威假定＋事实＋分析"这样一种单纯的形式推理过程,对于作出判决是不够的;承认"政策"在判决中起着一定的作用,尽管并不是十分显明的作用的实质推理,正日益得到人们的认同。可是,"政策"的作用究竟有多大呢?肯尼迪说,这正是本文所要研究的问题,本文通过形式和实质二分法的对应所要达成的目标是,最终推翻法律不受政治、经济、道德影响的"法律自治"观念,而展示"政策"在其中的运行规律。

在接下去的第四章中,肯尼迪梳理了个人主义和利他主义之争的历史脉络。

二、个人主义与利他主义之争的历史发展

在 18 世纪,普通法思想还不存在个人主义与利他主义的冲突,这种冲突被人们察觉大致始于 19 世纪,肯尼迪把二者之争划分为三个互有重叠的阶段。分别是南北战争之前的道德与政策交替时期、古典个人主义取得支配地位的古典时期,以及出现矛盾感觉的现代法律思想时期。

1. 南北战争前(1800—1870):道德与政策

19 世纪早期,一种与人们普遍认同的伦理相冲突的实用性主张,开始在判决书和著述中出现,法官和评论家们往往采用"政策"一词来指代这些主张。在那时的观念中,政策是与一般道德相对立的。法律容忍了一些和道德并不完全符合的东西,

法律再也不是道德的翻版,不再全力维护道德的执行。南北战争前的冲突,就表现为道德与政策的冲突。

这个与道德相冲突的"政策",就是个人主义的最初化身。它的主要观点是,高标准的违约或侵权责任会阻碍经济的发展,所以,应该对人类法律中推行的责任加以限制,让它低于道德法庭中人们所承担的道德义务。而反对这种限制的"道德"观念,是利他主义最初化身,它认为法的目的就是强迫人们实质公平地互相对待,这也是评判法律是否正当的标准。限制责任等于公然鼓励人们任意妄为而不管对他人可能产生何种影响。

完整表述二者冲突的要数帕森斯①,他指出:道德之法(上帝之法)和人类法(城市法)二者是有所区别的。社会上存在着两种不同类型的投机取巧和阴谋诡计,一种是人类的法律难以监测和制裁的,另一种是人类法律可以监测和制裁的,后者的性质更为恶劣,程度也更高。上帝法可以禁止所有的投机取巧和诡计,因为上帝法是完美的,但人类之法不能,因为人类法的制裁应当是有效的。如果人法和神法完全一致,就会出现下列后果:一、法律的一部分是不能执行的;二、社会不断地对人们进行惩罚;三、大量人类行为被宣布为无效。另一方面,法律不该管它管不好的事,否则它连该管的事也会管不好。

在这一时期的法律思想中,利他主义占据主流地位,是社会伦理的基础,法律的目的通常是强制人们承担一些高水平的利他义务,但同时也允许一些个人主义的例外,那是形形色色的"政策"考虑。例如,为了"鼓励交易",人们提出票据要富有流通性,即使出票人被拒绝承兑,还是要按照约定的期限付款给持票人。为了"资源的积聚",人们允许法人组织和有限责

---

① T. Parsons, The Law of Contracts? 767–78 (1855). 转引自 Duncan Kennedy, "Form and Substance in Private Law Adjudication," 89 Harvard Law Review 1685 (1976), p.1726.

任,任由股东逃避公司债务中属于自己的份额。为了"防止诉讼膨胀和家庭生活法律化",法律拒绝强制执行缺乏对价的承诺。为了"防止怠于履约行为",法院拒不支持违约方作为原告提出的返还请求,虽然这样可能使被告大发横财。为了激励"自我致富的动机",法律甚至公然允许破产这种欠债不还钱的行为。这种种考虑,大多是为了促进经济发展而采取的权宜之计,但这些只是作为特例而存在,利他主义和道德的主流地位是不可动摇的。

2. 古典个人主义时期(1850—1940):自由意志

南北战争之后,美国法律思想进入了古典时期。这一时期虽然与战前法律思想一样,充满了"政策"和相互冲突的"价值判断",但与战前相比具有一些显著的特征,即宗教的主张完全消失,道德的说教日益淡化,个人主义在法律思想中取得全面胜利,利他主义对法律的影响被根本否定。之所以出现这些变化,其原因是很复杂的,包括某些经济力量的得势,思想领域的运动,把法律科学化的趋势,等等。

古典个人主义不承认规则是政策和道德之间进行个别化妥协的结果,而认为规则是一种绝对原则化的、一贯性的解决方案,可以解决法律秩序无论是伦理上还是实践上的困境。责任当然是要受限制的,责任问题应该重新界定,而这正是古典个人主义理论的三大支柱:

一、每个人都有一个自治的、自由的领域,对于在这一领域内活动给他人造成的影响,个人不必负任何责任。

二、私法上的责任只应该有两个来源,一是过错,一是契约。只要没有过错,人们对陌生人不负有协助义务;在没由当事人凭借自由意志签订契约的情况下,司法无权要求人们承担任何其他义务。

三、人们从一些像"过失"、"契约自由"这样的概念,就可以演绎地推导出一整套法律规则,它们确定了侵权责任和契约义务的边界与内容。

古典观点认为，整个法律体系必然在个人主义和利他主义之间作出非此即彼的选择，而且这种选择必然是个人主义。因为一个人只要信奉诸如"自由"、"安全"这些抽象的个人主义理念，他就必然会支持符合个人主义要求的一整套具体制度。因为这些具体应用性的制度都是从那些首要的原则中合乎逻辑地推导出来的。

个人主义的道德观形成了，它不再仅仅是权宜之计，而且成为一种伦理。它不同于极端利己主义，它要求把别人的利益看得和自己的利益一样重要。这种新的道德观被具体化为道德上的自我依赖、经济上的自由竞争，以及政治上的自然权利。

以合同法的变化为例，战后合同法的一个基本原则是，私法要尊重个体的自由意志。于是，合同法的一整套法律规则都笼罩了自由意志的光环，例如，婴儿和精神病人的契约能力受到限制，是因为他们缺乏自由意志；合同法中的欺诈、胁迫原则是因为违背了自由意志；错误原则是因为意志表达出现问题；而损害赔偿的数额也是有当事人的自由意志所规定的，等等。新的合同责任理论变为：人们要对自己行为产生的后果负责，除非能证明他们在行为时缺乏自由意志。在侵权法、财产法、公司法中也有类似的情况：在一个简单的个人主义前提之后，其他一切规则都随之推导而来。

这种方法与 19 世纪风靡一时的"概念论"相类似，但二者并不等同①。在概念论的推波助澜下，古典个人主义确定了它在 19 世纪的霸主地位。

3．现代（1900—1976）：矛盾的感觉

在这一时期，古典个人主义被人们否定，道德与政策的讨论重新出现了。但与南北战争之前不同的是，道德已不再是利

---

① 肯尼迪认为，概念论应属于古典个人主义的一部分，即上面说过的个人主义责任理论的第三点：在责任边界和内容的确定上存在着一种演绎的方法。个人主义有着更为宏大的内涵。

他主义的专利,多种道德之间出现了冲突;政策也不再为个人主义专属,一些利他主义色彩浓厚的政策纷纷涌现。伴随着道德与道德,政策与政策的冲突,人们的感觉中出现了明显的矛盾,肯尼迪称之为"矛盾的感觉"。

现代法律理论对古典个人主义的批判理由包括以下几种:

第一,实质问题不可能仅仅参考古典概念而得到解决;

第二,单靠一些包含两极的概念不可能厘清复杂的事实情况,对概念的界定因人而异,而且没有一个绝对可靠的评价标准;

第三,由于概念的不确定性和模糊性,法官不可能从概念中推出确定的结论,这就需要从法官的道德的、政治的、经济的观念和事实情境中寻找答案;

最后,在那些争议很大或缺乏社会共识的领域,如果法官要推行个人意见,为了不招来"司法活动政治化"的指责,他就会运用概念推演作为掩护,这就掩盖了他的自由裁量范围和程度,倒不如由法官开诚布公地承认自己在运用自由裁量,并由法官承担相应的责任。

随着对形式主义法律推理的批判,概念论衰落了,个人主义在 19 世纪的霸主地位也不复存在。于是,个人主义与利他主义终于站在同一个争论平台上,各执一词,互不相让。旧的个人主义体系被推翻,新的体系却不能建立,大量法律难题被提了出来。一些具有利他主义色彩的法律部门,如劳动法、消费者权益保护法、社会保障法等,都成为利他主义与个人主义交锋的战场。

肯尼迪指出,这一时期双方的斗争可以归结为共同体(community)与自治、规制与便利(facilitation)和家长主义与自决三个层面的问题。

a) 共同体与自治

这里有争议的问题是,一个人有多大的自由领域,需要承担多少非自愿利他义务,也就是说,应该为他人利益作出多少分享或牺牲。这个问题不仅存在于侵权法和合同法领域,也存在于许多其他法律领域中。例如,法律要规定相邻土地所有者的通行权,要规定当事人未约定的争端解决办法,要规定公司的董事和管理人员对股东所负的义务,等等。

个人主义主张自治,它要求一定要限制法律强加于人的利他义务。人们只要根据一个法律事先开列的"价目表",作出是否违约或是否侵权的选择,就可以只考虑自己的利益而不必担心损害他人。但是,利他主义不这样认为,因为一方面这种补偿有可能不完全,多余的利益还是被侵害人据为己有;另一方面即使受害人可以得到侵害人的完全补偿,这种补偿也是对他人的一种强加,而没有考虑他人的意愿。

在这个问题上,肯尼迪认为利他主义与个人主义有三个分歧,一是义务的范围,二是义务的强度,三是结果责任可以追溯多长的原因链条。个人主义反对在法律中扩展义务的范围、加强义务的强度以及延伸结果责任,同时,一旦确定了要承担义务,也不应当给予豁免。相反,利他主义力主扩大人们的利他义务,但同时增加一些豁免条款。

b) 规制与便利

这一问题反映的是,面对私法行为人谈判力量悬殊的事实情况,法官是否必须采取措施,削弱强者的优势来保护弱者。法官可以判定实力较强的一方当事人,是不是在法律之外对实力较弱一方强加了自己的优势,如果是这样,他就会得到一种制裁,或者是合同被撤销,或者是受到刑事惩罚;如果不是这样,合同就是有效的。赞同采取这些措施的主张就是规制,否则就是便利(方便私人的活动,尊重私人活动的自然结果)。前者代表着利他主义,后者则是个人主义的一贯主张。

规制措施的种类很多,例如,设定一些无行为能力的人群,他们可以宣布自己的行为无效;规定一些行为方式不受法律保护,如暴力和胁迫;规定一些特定的交易不受法律保护,例如以低于总量的数额清偿债务;或者通过打散市场垄断,来控制市场的竞争结构,等等。

个人主义认为,法官不应该去干预经济的发展,这些是立法者的事;而利他主义认为,为了实现分配正义,法官应当适当干预生活中出现的新情况。

c）家长主义与自决

在不涉及谈判力量问题的时候,如果合同或者一项单方义务出现差错,违背了合同当事人或者义务人的真实利益,法官和立法者应该如何处理? 对此,个人主义者认为,当事人才是自己利益的最佳评判者,如果一方愚蠢地行动、为自己招来损失,或者拒绝别人的劝谏,那么别人应该尊重这种选择的自由,坦然接受因为行为者的错误给自己带来的好处。但家长主义认为,应当迫使人们认识到自己的真实利益,应当保护人们免受自己愚蠢行为的伤害,而不应该对这些现象不闻不问,冷酷无情。

肯尼迪指出,古典与现代法律思想的发展,好比一个核心和外围相互渗透的过程。古典个人主义坚持有一个自治、便利和自决的牢不可破的核心,而与其相反的利他主义观点认为任何自由都必然受到限制,于是构建了一个核心原则的外围。而到了现代,人们的感觉出现了矛盾,核心与外围的边界逐渐瓦解,模糊的问题越来越多,再也没有那种一种理论独霸天下的状况。这就是实质问题二分法——个人主义与利他主义之争发展到肯尼迪时代所表现出来的状态。

第四节　形式与实质观点的对应

在建构了形式问题的二分法和实质问题的二分法之后,肯尼迪开始把形式和实质问题的种种观点建立起一种对应性。如前所述,在当今利他主义和个人主义的冲突包括三个问题:共同体与自治、规制与便利,以及家长主义与自决,但肯尼迪认为还有一个更重要的问题,这就是形式问题中的原则和规则。

这将开创一个联结实质和形式问题的新视角。他认为,个人主义主张是与严格的规则相适应的,而利他主义主张则倾向于放松这种严格性,而采用一种更多衡平,更多实质性的原则作为法律的适当形式。为说明这个主张,肯尼迪使用三章的篇幅,分别从道德、经济,和政治层面来阐述个人主义与规则,利他主义与原则的对应关系。限于篇幅,这里只进行简略的介绍。

一、道德层面

在道德层面上,个人主义的自我依赖理念能够为规则的过分和不足涵盖问题作很好的辩护。因为规则是非常明确的,可以事先知晓的,如果某人触犯规则而承受不利后果,即使规则本身规定有问题,这个不利后果也应当由当事人自己来承担,因为他根本怪不到其他人。以形式性法律(formalities)为例,如果因当事人不符合规范的形式,而致使法律行为不生效力,那只能怪当事人自己未能事先认真学习和准备,以免不良后果发生。而个人主义的自我依赖理念认为,在个人追求自身成功的过程中,所遭遇的挫折,所带来的不利后果,应该由他们自己来承受,而国家不应该为消除这些后果进行干预。所以,在形式问题上主张规则的人们在实质问题上,应该是赞同个人主义的。

形式和实质主张唯一的不同是,一旦提出形式问题,那就已经是某种程度上的国家干预,即法律。在存在法律的范围内,个人主义者认为人们能够照料自己,国家干预的存在也不代表个人可以免除自己照顾自己的义务。

与之相反,支持原则的观点带有利他主义特征。提倡原则,代表着放宽严格规则,以消除它因过分和不足涵盖所带来的不准确。例如,从过分与不足涵盖中获益的当事人应当把所得返还对方;由于遗嘱人未能履行遗嘱的形式性规定而获得财产的人应当把财产返还给受遗赠人;根据双方真实意愿签订的合同,如果因为价格暴涨或暴跌而对一方不公平,那么这样的合同不应该被援引。很显然,这些主张具有利他主义的"仁慈"意味,被具体化为各种分享或牺牲。

综上,规则的结构决定它只能与个人主义的自我依赖理念相适应,却无法达到利他主义的"仁慈"要求,利他主义的形式主张是放宽规则,提倡使用更具有灵活性的原则。

二、经济层面

形式与实质的主张在经济层面上的对应关系更为复杂。肯尼迪对人们的形式立场和实质立场在结构上相似进行了理论分析,也对古典放任主义进行了历史描述。

1. 不干涉主义

在经济领域,规则和个人主义的支持者都赞同不干预主义,而反对直接的结果定向。不干预主义的特征是通过间接迂回的规定实现想要的结果,而结果定向则是直接地全面规定想要达成的目标。

例如,有三种行为 X、Y、Z。如果立法者想要人们去做 X,不做 Y 和 Z。如果是立法者是赞同结果定向的,那么就应当规定,人们必须只能而且必须做 X,禁止做 Y 和 Z,否则就规定非常严厉的惩罚。

但是,一个不干涉主义的立法者不会这样去规定。如果立法者想让人们去做 X,他就会认为不能强迫人们去做 X,认为人们享有从事 Y 行为的自然权利,或认为禁止做 Y 行为的国家干预弊大于利。如果立法者只想禁止 Z,那么即使很难区分 Y 和 Z 两种行为,容易把一些 Y 武断地纳入被惩罚的领域,也仍然要容许这种过度涵盖的发生,这才能最好地实现对 Z 的禁止。

上面所说的两种情况,分别符合个人主义的特征和规则的特征。它们的共同点是,都反对直接的结果定向,而赞同间接迂回的不干涉策略,因为它们的主张者坚信,依照立法者的意愿进行完全的干预将会事与愿违,干预应当是有限度的,应该创造一种能够影响私人行为的法律结构。提倡规则的主张是与不干预主义相同的,所以也是与个人主义相同的。

问题是,规则本身就是一种国家干预,它已经预示着对人们施加某种义务。但是,在这种干预的范围内,在存在法律的前提下,规则的结果定向要比原则的少得多。所以,正如前面所述的道德上的对应,规则中所包含的个人主义性质,也不是完全的。

2. 放任的激励效果

由于个人主义和规则共同的不干预,它们具有了一种同样的激励效果——放任的激励效果(the sanction of abandonment)。经济领域的个人主义把这样一种激励效果当做刺激生产的有利工具,因为面对着可能挨饿的威胁,每个人的积极性就被最大程度地调动起来了,这比大规模全方位的国家干预,会创造更多的社会福利水平,这类似于"授之以鱼不如授之以渔"。

提倡把规则作为私法适当形式的主张与个人主义类似。放任的激励一般是通过一种不问个案的特殊性的法律干预来实现,这正是存在过分和不足涵盖的规则的特性。为了激励作为规则的适用对象的人们在熟悉形式上投入成本,法律容许这种违反利他义务的个别情况的发生。这些规则——个人主义的观点认为,原则会使人们产生一种虚幻的安全感,使人们放松戒备,鼓励人们懒惰。而规则会激励人们牢固掌握法律的规定,谨慎守护自己的既得利益,同时不去触犯他人的权利。如果不能忍受规则的适用所带来的小小的不公,必将使整个社会受到长远的更大的伤害。

3. 鼓励交易

这是形式与实质立场相似的第三个方面,规则和个人主义的共同主张是,它们会从总体上鼓励交易。

关于个人主义，霍姆斯认为①，面对个人行动所带来的不可避免的风险，国家本可以成为一个在社会成员之间分配不幸事故风险的保险公司，但"除非干预现状可以带来明确的利益，（国家）这个累赘和昂贵的机器不应该被轻易开动"。这种由国家分配风险的机制，就是一种不容许违背利他义务的机制，霍姆斯认为，伴随着这一机制的，必然是难以承受的高额成本，国家不应当承担这些成本，而应该"释放这些精力"，把保险交给更高效的私人企业去完成。

肯尼迪分析霍姆斯的观点后指出，霍姆斯单纯地假定由"释放精力"所带来的好处（收益），会超过国家不断容忍违背利他义务现象的发生所带来的坏处（成本）。在他看来，侵害者的利益作为一个整体，会大于受害者的利益，这体现了社会达尔文主义的"优胜劣汰"观念。但个人主义者认为，这是有着经济学根据的，简单地说，资源应该掌握在最善于使用资源的那些人手中，这样才能实现社会效率的最大化，从长远上符合社会的共同利益。从调控的角度讲，个人主义富有进取心的自我依赖，会带来长期的经济增长。从规制的角度讲，个人主义把资源分配到最善于使用资源的人们手中。而直接贯彻那些共产主义和家长主义的目标，看似合乎公正，但必将对长期的经济增长有害。

从形式方面看，规则的主张认为"安全"能够从总体上鼓励交易。任何交易都面临着潜在的司法风险，也就是被法官撤销或宣布无效的风险。形式可实现的规则提高了法律的可预测性，因此会从总体上鼓励人们进行交易。之所以说"从总体上"，是因为也会有一些人因为惧怕规则的过分涵盖与不足涵盖的机械性，而不敢交易，但这种情况和那些熟悉规则，并严重

---

① O. Holmes, Common Law 233 – 39 (Howe ed. 1963), at 77. 转引自 Duncan Kennedy, "Form and Substance in Private Law Adjudication," 89 Harvard Law Review 1685 (1976), p. 1744.

依赖规则的交易者相比，是微不足道的。

总的说来，无论从形式方面还是实质方面，鼓励交易的考虑都带有浓厚的优胜劣汰特征。以牺牲一部分人（特别是弱者）为代价，保护强者的交易行为，从而促进社会的长期发展。

4. 古典放任主义

肯尼迪对形式和实质主张的相似性进行了结构性的理论分析之后，又引出了一个历史上确实存在的知识体系来佐证他的观点，这就是古典放任主义。他指出，规则和经济个人主义，正是古典放任主义两个组成部分。古典放任主义理论的主要观点是，制度经济学的研究成果表明，最好的法律体制就是国家不去系统地干预经济，不去促成特定经济结果的体制。

现代利他主义的发展，主要来自于对古典放任主义的批判。为了回应利他主义的批判，现代个人主义在一定程度上也开始承认原则的有用性。但由于利他主义在批判之外并不能建立一个发达的相反理论，现代利他主义也开始承认规则的必要性。虽然二者都在一定程度上接受了对方的主张，但这种相同的结果却是经历了不同的路径的。

放任主义的观点的核心思想是，"在一个机械适用的普通法的契约和侵权规则框架之内，经济活动将会导致对资源的自然配置，也会导致对收入的自然分配"。① 也就是说，资源配置和收入分配应该是自然的，是由市场供需状况所决定的，而不应受到法律的干预，否则，只会收到负面效果。以直接定价为例，定价破坏了原来市场正常流通所决定的价格，导致供给和需求不能平衡。

这种经济活动的自然性主张包含这两个前提，一是相信普通法规则是自由观念的体现；二是相信法官对规则的执行是没有任意裁量的。第一个前提是概念论的。而与后一个前提相

---

① See Duncan Kennedy, "Form and Substance in Private Law Adjudication," 89 Harvard Law Review 1685 (1976), p. 1746.

伴随的,是一系列一般原则,如遵循先例、禁止授权、客观主义、理性人标准、法律问题和事实问题的区分、法律的发展趋势是形式可实现的一般规则,等等。在 20 世纪初,这些都是毋庸置疑的,但在今天,它们已经难以令人信服。

利他主义对放任主义的批判要点包括:

它首先批驳古典放任主义的两个前提条件:概念论和法官机械适用规则。概念论是缺乏现实性的,根本不存在一种能够推出正确法律答案的演绎系统。绝大多数看似机械的规则,其实都是一个隐蔽的原则,法律适用是时刻离不开自由裁量的。这两个前提条件一旦被否定,古典放任主义也就失去了存在的根基。

其次,对于"法律对自由市场①的干预将导致每个人的情况都变得更糟"的放任主义观点,利他主义认为,一般性的分析无法预测法律制度对经济造成的影响,这有赖于特定市场的结构,而特定市场的结构又取决于它所处的法律制度系统。即使法律干预会导致高价,使某些人被逐出市场,由于现代法律已经充满了家长主义的保护性政策,这些也是合理的。

最后,除了直接规制,还有许多符合利他主义的办法,能够影响经济活动的结果而不用同时降低财富和影响市场功能。

利他主义的这些实质主张与其形式主张是一致的。它反对那种不问是非机械适用规则的情况,主张消除规则的不良后果。例如,它主张由法官适用原则,来保护谈判力量较弱的买方,由于实力强的卖方丧失了垄断利润,对买方的保护水平得到有效提高。法官在规则和原则间作出的选择,总会有利于一方利益而不利于另一方利益,既然总要作出选择,那么法官无论如何是一个"干预主义者",所谓法官中立,只能是海市蜃楼,

---

①　即由概念的方式推导出来的并且机械适用的基本规则所调整的市场。见 Duncan Kennedy, "Form and Substance in Private Law Adjudication," 89 Harvard Law Review 1685 (1976), p. 1749.

是不可能实现的。

综上所述，实质利他主义认为，国家通过法律干预能够做到既实现家长主义和规制的目标，又同时有利于经济增长。为了真正实现社会财富的最大化，国家应该贯彻公共利益，而不能再走"规则与私人活动相结合"的老路。在形式方面，利他主义主张原则，希望法官能够适当运用实质价值到具体案件之中。

三、政治层面

在政治领域，形式和实质主张中相互对立的口号是权力和权利。主张规则的人认为，用原则来表达法律不符合民主国家的基本公民权利。这一政治主张包括两个分支，分别是制度性能力和政治问题。

制度性能力是说，因为法官缺乏相应的能力，所以不能对社会进行全面干预，这种能力要求进行广泛具体的事实调查，只有立法机关才有这样的能力，所以，法官只能发出一般性的指令，也就是采用一般规则来不偏不倚地处理任何案件。

政治问题则主张，原则的适用涉及价值判断，由于价值判断的武断性和主观性，所以适用原则的过程应当采用民主程序，由立法机关进行。而规则的适用涉及查明事实，这是具有客观性的，由于规则的创制具有民主性，法官对规则加以适用，就是正当的，就没有什么政治上的问题，不会招致反对。

这两种主张的共同结论就是，法官只能阐明并适用形式可实现的一般规则，除此之外没有别的权力，这样无论从制度上还是从政治性上，他都不会遭到非议，这就是法官应当采用的关于制度能力和政治问题的一种策略（gambits）。相反，如果法官试图适用原则的法律制度，就必须要进行超出他能力的详尽的事实调查，同时进行实质性的价值判断，这些都会为他遭来非议。

从实质上看，这两种策略都是个人主义色彩的，充满着不干涉和司法被动主义的思想。从实质上也可以说,法院不能够强制人们担负高水平的利他义务,因为它缺乏这种能力,同时也缺乏民主性。

通过这一部分的分析,肯尼迪已经证明,规则与原则的对立,是利他主义和个人主义两种主张的冲突中,在共同体与自治、规制与便利、家长主义与自决之后的第四个方面。他此后的工作,就是揭示这些冲突背后的深层矛盾,即利他主义和个人主义前提假定的不同。

通过《私法审判中的形式与实质》,肯尼迪用他的结构性、历史性的分析为我们建构了一个宏大而清晰的私法框架。极为宝贵的是,他先把纷繁复杂的众多私法学说和观点一分为二,用形式和实质两个维度提出问题;接着,他又把关于形式和实质问题的主张一分为二,呈现了规则和原则、个人主义和利他主义这两方面的对峙;接下去,他又把所有问题合二为一,牵线搭桥,构建了形式和实质问题之间的关联;最后,他引导我们挖掘这些冲突背后深层的东西,他教导我们承认矛盾,不要试图以偏见建立霸权。承认矛盾虽然没有减缓这些道德和实践上的冲突,但会帮我们看清很多东西。承认矛盾让我们知道高层次的抽象运转不可能解决具体多变的现实;承认矛盾让我们不再枉费心机地试图平衡个人主义和利他主义两种价值;承认矛盾引导我们从个人主义的迷雾中清醒;承认矛盾也使我们更容易理解,法官的司法行为其实并不是最高理性的化身。

在阅读肯尼迪这篇文章的时候,我有过这样的感觉:肯尼迪发动了一场空前激烈的战争,这是一场波及整个私法领域的、轰轰烈烈的、概念与概念,观点与观点的论战。在一次次精心安排的交锋中,肯尼迪从不冲在前面,他引导一方用尽全身解数去攻击另一方,再让另一方作更有力的回击,待到双方都已精疲力竭,在一旁观战的肯尼迪站出来了,他拾起双方的武器,说道:由于矛盾的普遍存在,由于价值观之间的永恒冲突,你们的对立是不可消除的;我们的事业可能走向成功,但不可能走向一个没有矛盾的状态,我们的生活必然更加美好,但这个过程中,我们不可能没有困惑。

　　这只是一种感觉,但我看来,这种解构式的分析方法给这部作品带来了无穷魅力,使肯尼迪的分析看起来比许多在他以前的学者和专家,还要高明一些。难怪肯尼迪被称为美国批判法学派的"教皇"①。但由于本文主要是通过介绍肯尼迪《私法审判中的形式与实质》一书,帮助读者领会他所构建的私法框架的主要内容。

---

①　See William Ewald, "Unger's Philosophy," Yale Law Journal, Apr (1988).

第六章　肯尼迪对法律经济学的批判

第一节　法律经济学概述及其价值

一、法律经济学

法律经济学(Law And Economics),又称为法律的经济分析或经济分析法学,它是一种分析法律的工具,也是一门法理学。简单来说,法律经济学是"一门以经济学为理论依据和分析工具来解析法学理论和法律议题的学问",①即运用经济理论来分析法律的形成与演化、研究法律的运作与结构、理解规范运作的实然和应然的一门交叉学科。

从法律在人类社会上出现开始,正义就是法律的第一甚至唯一的价值,人们习惯将法律作为实现正义的工具。在古罗马时期,作为五大法学家之一的乌尔比安(Ulpianus,170—228年)就曾说过:"法学是神事和人事的科学,正义与非正义的学问。"《法学阶梯》一书中也有如此表述。② 由此,我们可以看出,在法律的悠久传统中,除了神与法律的关系密切之外,再没有其他力量可以进入法律领域,成为与法律结合的对象。当然,神是一个内涵丰富的存在,它可以包括道德的、伦理的以及其他的等等因素,但纯粹的经济学绝对与神的内涵以及法律无

---

① 季卫东著:《宪政新论》北京大学出版社 2002 年版 第 325 页。

② 优士丁尼著,徐国栋译:《法学阶梯》,中国政法大学出版社 1999 年版,第 11 页。

缘。因此,法律经济学为我们提供了一个研究法律的新视角。它的出现,进一步打破了法律领域自给自足的、固守传统的研究现状,实现了法律与经济学的优势互补与共享。在这个意义上,有学者认为法律经济学是"近年来经济学向从前被认为是与其格格不入的领域扩张的最成功的例子"①。

而法律与经济学之所以能结合,以一种崭新的法律经济学形态出现,笔者认为,这既与经济学的思维方式与经济学的扩张等外部原因相关,也与法律、制度与经济学的内在联系相关。

二、经济学的思维与法律经济学

经济学是一门研究资源有效配置的科学。经济学家认为每个人都具有充分的理性,因此每个个人都具有趋利避害的本能。基于此,人们的所有行为都是受到人的理性支配的行为,它们归根结底都是为了自己利益的最大化;更为重要的是,经济学家也认为,这种利己的动机和行为并非完全是负面的,相反它会产生积极的效果。因为分工和交换的存在,在实现个人利益最大化的同时,这种利己的目的也势必会产生利他或整体的效果,从而实现社会资源的有效率配置。

美国经济学家弗里德曼还认为,"经济学既不是一套问题也不是一套答案,而是一种理解行为的方法"②。这就是说,理性人的思维并非仅在人们从事经济活动时才存在,"成本"、"收益"、"效益"等概念,作为经济学思维的载体,已经镶嵌在每个人的大脑中并反映在人们的每一个行为中。

它反映到人的日常行为中来,就提醒人们在从事某一行为之前,需要计算该行为所可能支出的成本、评估该行为可能获得的收益,考量二者的关系,以决定该行为是否值得去做,这是个人行为的成本效益分析。

---

① 王成:《侵权损害的经济分析》,中国人民大学出版社 2002 年版,第 25 页。
② 弗里德曼著,杨欣欣译:《经济学语境下的法律规则》法律出版社 2004 年版.

　　公共机构在从事一种行为时,如某政府在承担一项花费巨大、复杂的公共工程(比如发射导弹、卫星、修建公共设施等)之前,也会预先估算出这项工程的成本和收益,如果分析结果显示它带来的利益远远大于其所花费的成本或受损者的损失,那么这项工程就很有意义。从经济学角度来讲,就意味着会获得很好的社会效益,起到有效的资源配置。这是公共行为的成本效益分析。

　　而如果将这一思维扩展到公共政策、法律制度领域,我们也会惊奇发现,它并没有任何障碍。即如将法律当成是政府的一种"工程",甚至当成是一种稀缺的资源,那么,政府在制定法律、政策时,从一个理性人出发,它也应该选择能使法律、法规发挥效益最大的方式。由此,实现了对法律的经济分析。

三、制度经济学与法律经济学

　　如上所述,法律经济学的诞生,与"经济学帝国主义"的心态和现状相关,它是经济学以它锐利的方法论工具"侵入"到法学领域的产物,在这里,经济学思维明显占据了法学研究的主动。同时,笔者认为,法律经济学的诞生与制度经济学的发展也密切相关,法律经济学其实就是制度经济学在法学领域的映射。他们堪称一母同胞的孪生兄弟。

　　制度经济学(The Institutional Economics)是诞生于20世纪初期的一个经济学流派,它又分为旧制度经济学(The Old Institutional Economics)和新制度经济学(The New Institutional Economics)。他们都关注制度与经济行为的关系,都以促进经济发展为目的,给出了新的衡量制度优劣的标准,并站在经济学家的角度提出了对良好制度的诉求。而毫无疑问,这些经济学家讲的"制度"其实就是法理学上最广义的"法"、"法律"或"规范"。因此,经过从旧制度经济学家到新制度经济学家的努力,人们对制度与经济行为的研究不断深化,从而为法律经济学的诞生提供了无比坚实的理论基础。

　　自斯密的《国富论》开始，制度因素对于经济生活的重要性就开始被强调。20 世纪早期，随着经济学的纵深发展与分化，一部分经济学家，如凡勃伦①、康芒斯②、米契尔③等人，对经济行为与制度具有的内在关联性的研究有了更大的发展。尤其是康芒斯，他通过对"交易"的独特解释，阐释了经济行为与制度之间的内在逻辑关系，大大发展了经济学理论。

斯密

　　康芒斯认为，"交易"，是一个经济学上很重要的概念，它与传统经济学的"生产"概念相对应，与"生产"共同构成了人类的全部经济活动。"生产"是一种静态的、体现人与自然的关系的范畴，而"交易"则是一种动态的、体现人与人之间相互关系的一个概念。"交易"对于经济学家研究资源的有效配置，很重要，因为经济学要求市场主体追求有效的资源配置的目标，在市场机制下，只有通过"交易"行为来实现。

　　这也是康芒斯为什么将"交易"作为研究单位的考虑，因为"只有将'交易'作为研究单位，才会将冲突、依存和秩序三种成

---

　　① 凡勃伦，美国经济学巨匠。主要著作有《有闲阶级论》、《营利企业论》等。他提出了制度变迁理论，奠定了制度学派的基础。

　　② 康芒斯，是美国制度经济学方面有特色的威斯康星传统的奠基人。其主要著作有《资本主义的法律基础》和《制度经济学》。这些著作的主线是关注资本主义制度内部的制度的发展。康芒斯强调发生在制度内的个人经济行为，发展了资本主义进化理论和制度变化理论，并将它们作为削弱资本主义主要弊端的缓和力量。在现代社会中，有经济的、法律的、伦理的三种利益协调方式。康芒斯最为重视的是法律制度的作用。将法律视作影响经济发展的决定性因素，是康芒斯经济学说的最大特点。

　　③ 米契尔，美国经济学家，制度学派的代表人物。它是经验统计学派的代表，主张把制度研究建立在经济统计基础上。

分囊括其中"。① 康芒斯更大的创
造还在于他认为，"交易不仅仅是
商品的交换，更是所有权的转
移"。② 即人们表面上进行的一种
商品或资源的交易，也包含着或
其本质却是一种产权或法律关系
的交易。这一思想的潜在逻辑是
"制度"不过是无数次"交易"活
动的结果。数以千万次的"交易"
合在一起便构成了经济研究上的
较大单位——"运行的机构"或制
度。由此，我们可以看到，以康芒

康芒斯

斯为代表的这个学派或理论的最大价值在于它将商品的科学
转化为权利的科学，揭示出了经济行为与法律制度的内在逻
辑，将经济的科学转化为法律的科学。

　　以康芒斯为代表的制度经济学派被称为旧制度经济学。后
来，以科斯教授为代表的新制度经济学家同样认为，在市场上
交易的东西不是经济学家常常设想的物质实体，而是一些行动
的权利和法律制度确立的个人拥有的权利。他继承和发展了
康芒斯的"交易"概念和对制度的研究，创造性提出了"交易成
本"理论，得出了更为丰硕的成果。

　　"交易成本"（transaction costs），是科斯教授 1937 年在其著
名论文《企业的性质》里，涉及企业的起源和规模时，首次提出
的一个概念。阿罗给"交易成本"下的定义是"经济系统的运行
成本"。③ 而根据科斯自己的解释，"交易成本"就是"运用市场

　　① 康芒斯著：《制度经济学》（上）商务印书馆 1962 年版 第 10～11 页。
　　② 康芒斯著：《制度经济学》（上）商务印书馆 1962 年版 第 74 页。
　　③ 转引自威廉姆森著：《资本主义经济制度——论企业签约和市场签约》，段
毅才、王伟译，商务印书馆 2002 年版 第 33～35 页。

机制的成本"。① 它主要包括两个内容,其一是获取精确的市场信息的成本;其二是在市场交易中交易人之间的谈判、磋商以完成合同的成本。综合起来,"交易成本"就是做成一笔买卖所要付出的全部时间、精力和金钱成本。但需要注意的是,它并不包括该交易所涉及的主标的物的价金。在当事人的合同中双方确定的标的物的价格以及运输、保管费用等都不是"交易成本",而那些用在市场调查、情报搜集、质量检验、条件谈判、讨价还价、起草合同、聘请律师、请客吃饭,直到最后执行合同等所付出的成本,就是"交易成本"。也可以这么说,既然科斯和威廉姆森都继承了康芒斯把"交易"解释为权利让渡的思想。因此,"交易成本"可以看做由于权利的让渡而产生的成本。

科斯认为,如果没有"交易成本",在市场经济条件下,私人之间的交易就会实现商品和资源的有效率配置,产权关系也将因此效率化。这就意味着在"交易成本缺失"的状态下,自由竞争将会实现有效率的资源配置。它也意味着,法律规定的初始产权无关紧要,它终究会被市场经济效率化。反过来,法律确定的权利分配不当的情形,在没有"交易成本"存在时,其终将会在市场上通过自由交换得到校正。这就是科斯第一定理。

在这里,科斯为我们提供了以下一些重要信息:首先,在市场经济下,权利或法律关系可以通过而且其结果必定会通过私人之间的谈判与协商效率化。因此,我们的法律制度都与效率相关。整个法律体系(主要是私法体系),都将会是一个效率化的体系,只不过,要么它们已经实现了效率化,要么正在效率化。因此,法律与经济学的结合具有了不可抗拒的理由。其次,产权关系的设定至关重要。科斯于 1959 年在《关于联邦通讯委员会》的论文中重申:产权的界定是市场交易的必要前提。在无"交易成本"下,产权关系的内容无关紧要,但产权关系必须存在。所谓"产权",它可理解为从一项财产(知识、技能、环

---

① See Coase, "The Nature Of The Firm", Ecomonica, 1937, 9(nov).

境等)上获取利益的权利,更为笼统地来说,也可以认为是法律制度界定的一切权利。因此,本文笔者的产权和权利的意思是相似的,可以作为同一个概念来理解。举个例子,如果钢铁厂被赋予"任意处置河水"的权利,或者不因排放污染物体而受处罚,那么钢铁厂就可以说拥有对河水的"产权";而如果沿河居民被赋予了"使用清洁河水"的权利,或钢铁厂如果排放污染物体就会被处罚,那么居民们就可以说拥有对河水的"产权",钢铁厂则没有这个"产权"。

科斯认为,产权的确定是市场机制发生,资源有效配置的必要前提条件。因为产权不清,交易就无法进行。比如,对河水的产权不明确,就会出现一方要赔偿,一方拒付赔偿的"拉锯"情况,因为谁都可以说对它有产权,又不能排斥别人也对它有产权,这样问题就难以解决,资源配置就无法通过交易完成。而只要产权明确,则无论产权在哪一方,无须政府干预,当事人之间就可以通过市场谈判与交易解决问题。还是以钢铁厂与河边居民为例,如果我们把产权给河边的居民,这时钢铁厂不给居民们赔偿费就不能在此设厂;而若付出了赔偿费,成本高了,产量就会减少些,因此,他们之间就会进行谈判,一次谈判不行两次,两次不行三次,直到双方都满意为止,而这个双方通过谈判都满意的结果,也是最有效率的;这样无须政府干预,问题就圆满解决了。而如果开始将产权给钢铁厂,这时居民就无法索赔。但是,如果居民们认为付给钢铁厂一些钱可使其减少污染,由此换来的健康上的好处大于支付出的金钱的价值,他们就会用此办法"贿赂"厂方,使其减少生产从而减少污染。当厂家多生产钢铁的赢利与少生产钢铁但接受"贿赂"的收益相等时,它就会减少生产。理论上可以证明,最后达成交易时的钢产量和污染排放量,会恰恰与在前一种情况下的相同。也就是说,只要产权明确,不管产权给谁,都将会出现有效率的同一个结果。

法定权利的最初分配从效率角度上看是无关紧要的,只要这些权利能自由交换。即使开始的法律制度或权利界定是不完善的，市场竞争也会在自我运行过程中修改这一规则，使其效率化。但很明显，"交易成本"为零的状态是不存在的。现实中，由于信息的偏在，到处存在"交易成本"，正是因为这些成本的存在，阻碍了当事人之间自由交易的发生以及有效率结果的出现，同时也对产权（权利）的初始界定提出了要求。也就是现实为正的交易成本，提醒着我们产权（权利）的初始界定对有效

科斯教授

率的资源配置起着显著影响。如果产权（权利）界定不合理，当事人之间就产生额外的"交易成本"，而这些成本势必会阻碍自由竞争状态下当事人之间的谈判，无"交易成本"状态下的有效配置结果也就不可能出现。

　　对此，科斯认为，"交易成本"本身虽然不能消除，但可以通过"制度化"途径减少。科斯为我们提出的新方法是：我们的法律制度和产权（权利）界定，应该使"交易成本"最少。

　　这就是科斯定理（Coase Theorem）最为重要的内容，也是新制度经济学的最伟大贡献。它对现实状况下的法律与权利界定提出了要求。法律经济学的不少学者正是依据科斯定理来分析和解释法律规则的。如，著名经济学家和法学家卡拉布雷西教授，在其论文《关于风险分配和侵权法的一些思考》和《关于财产权的经济学》等文章中，就运用科斯定理分析了普通法的两个非常重要的领域——"财产法"和"侵权法"。1973 年，法律经济学的集大成者、芝加哥大学法学院的波斯纳教授出版了他的著作《法律的经济分析》，同样以科斯定理为依据，在现存的法律体系基础上构建了全面阐述法律的经济原则的宏大体系。他运用新自由主义的经济学原理和方法，发展了科斯定

理,形成了新的成果即波斯纳定理。它可以表达为"权利应付与那些对权利净值评价最高并且最珍视他们的人"①而"事故责任应归咎于能以最低成本避免事故而没有这样做的人"。②

四、效率:法律经济学的价值

经济学的最大关注点是效率。效率,在福利经济学中,通常用帕累托(Pareto)最佳来表述。它主要指这样一种状态,如果它不会在发生任何改变后使某些人的情况变得更好而使其他人的情况变坏,那么这种状态就是帕累托最佳的,也就是最有效率的,这是资源配置的一种最佳状态。用另一种更简单的方式来表达这一思想,那就是,一个资源配置有无效率,可以通过比较该配置对相关人的影响而考量,如果该资源的配置能够使相关人的收益远远大于其所付出的成本,那么它就是有效率的。而这种收益最大、付出成本最小的状态就是帕累托状态。

法律经济学产生后,效率也自然成为法律的显著价值。从而法律开始关注这样一个命题:当发生甲对乙的暴力之时,法官是允许甲损害乙,还是允许乙反抗甲? 更应该从社会总体成本与福利的角度,站在避免较严重的损害的视角加以判断。这是一个崭新的命题,既充满了诱惑,同时也充满了争论。

因此,法律经济学家一方面批判传统的法学正义观,提出了法律的效率价值论,与其他学派进行论战,维护自己的阵地;另一方面也开始在立法、司法等方面主动出击,纷纷争夺法官、议员以及教员的职位,将自己的效率主张付诸实际,扩展自己的阵地。

具体来说,关于前一方面,法律经济学家与传统的道德学派进行了论战,他们认为传统法学的公平正义学说本身具有模

---

① 波斯纳著,蒋兆康等译:《法律的经济分析》,中国大百科全书出版社 1992年版,中译本序言第 20 页。

② 同上。

糊性，实际上并不能为人们的行为提供很好的指引作用。而效率仅包含一种相当无可争议（或者至少非政治性）的价值判断，它通过数学推理形式，通过计算人们的利益得失来分析法律问题，因此它比传统法律的正义观念更具有科学性、确定性，也更能以此来评价人们的理性，立法者完全可以根据这一原理来检验是否法律进行的权利界定印证了市场交易的有效率结果，并依此决定是否

波斯纳教授

有必要对法律进行修改。波斯纳甚至提出了修正的或效率的正义观，认为"公平概念纯粹是个人偏好的表达——在法律上应用更实在的效率概念加以替换"。[1] 波斯纳还继续强调，法实际上是由经济学指导的。"在传统的普通法裁判中，即使法官没有明确使用经济学语言表达，但经济推理是一直起作用的。正确的法律答案与正确的经济决定是同义的。"[2]卡拉布雷西也强调，公正的考量实际上也依附于效率和分配的考量，公正的观念依赖于效率和宽泛的分配优先以及其他更为特别的观念。

　　而后一方面，具体体现在法律经济学家纷纷向当权者兜售自己的主张，建议立法者在设立法律制度、对权利进行界定时，应将权利界定所影响到的各方之利益得失纳入考虑范围，假如有一种权利界定方式可以使所影响到的各方当事人的效益超过损失（成本）的净额最大，那么以此方式来确定规则就是明智的，同时他们竭力争夺法官、立法者的席位，以期其主张得以获得实际生命。

---

① 钱弘道：《法律的经济分析方法批判》载中国民商法律网。

② 同上。

总之,法律经济学认为,以效率为目标,对权利进行成本效益分析,决定权利的界定,并进而构建一个完整的私法体系,不但可行,而且必要。同时,他们承认有其他的标准,比如分配公平(distributional equity)等标准可能会在特殊情形下忽视人们对效率的追求,引导人们的选择。但总体而言,法律经济学对通过效率来构建整个私法体系是很自信的。

第二节　肯尼迪对法律经济学的批判

如上所说,法律经济学认为成本最小、收益最大的权利配置才是一个法律制度或者一种权利最有效的配置。法律应该确认甚至复制这种结果。因为,这个结果已经被上一环节的交易所证明是有效的,同时,这一结果也是下一环节交易继续有效的前提要求。它是前一种状态(交易)的最终体现,同时又是其他状态的开始。而如果这种有效率的结果能够环环传递下去,那么整个法律体系就是一种最为有效的配置,即整个法律体系就是帕累托最佳的。

对于法律经济学的主张,有不少学者支持并力导之,但也有不少学者对效率价值不以为然,这部分学者主要来自新自然法学派。当然还有不少学者对法律经济学的主张也有所怀疑,他们认为法律经济学的价值需要重新思考。这就是批判法学派。本文,笔者将介绍并简要评价批判法学的精神领袖肯尼迪对法律经济学进行的批判。

肯氏对法律经济学的批判是通过其以下论文表达出来的:《权利问题的成本效益分析:一种批判》[①]、《立法中的成本减少

---

　① Duncan Kennedy, "Cost – Benefit Analysis of Entitlement Problems: A Critique" Stanford Law Review Vol. 33: 387.

理论》①、《经济思想中的法律作用：论商品拜物教》②等。尤其是其1981年发表的著名论文《权利问题的成本效益分析：一种批判》，对法律经济学的批判最为系统、详细。

在本文中，肯尼迪从其独特的视角出发，认为法律经济学主张的通过效率来构建一个完整的私法体系的目标是不可能实现的。因为效率概念是不确定的。这就意味着，要么根本没有一个有效率的结果，要么可能有多个有效率的结果。因此，如果我们试图构建一个确定的、理想的私法体系，则必须包含一系列的或许也更有争议的价值判断。这在一定程度上告诉我们，法律经济学的客观结果根本是个伪命题；经济学家利用经济方法分析法律问题时，仍然不可避免的带有主观的价值判断。肯尼迪从各个方面对此结论进行了深刻的剖析和论证。

一、收入和分配效应对经济分析的影响

法律、权利界定都可以通过经济分析也就是通过成本效益分析来完成，这是法律经济学家的进路。法律经济学家认为：其一，一个私法规则的选择，比如迷途牲畜对农场造成损失后，牧场主对农场主的责任问题，和政府修大坝的决定类似，因为它们都会影响一大群的人。修大坝时，有的人的财产会受损失，而有的人会因此而收益；权利的分配同样如此，有人会因为分配到权利而获得利益，而有人会因此设定而遭受一定损失。由于它们存在足够多的共性，因此人们可以聪明地将同一个方法应用到二者身上。因此，经济学的观点得以扩展到法律和权利界定上来。其二，人们也会理解对权利的界定与传统的成本效益分析是类似的，因为它们都可以认为是政府应对市场失灵的举动。

但肯尼迪认为，表面的相似不表示双方在分析过程中必然

①　Duncan Kennedy，"Cost – reduction Theory as Legitimation"，The yale law review Vol. 90，1275，1981.

②　Duncan Kennedy，"The Role of Law in Economics Thought：Essays On the Fetishism of Commodities"，34 Am. univ. L. Rev. 939，1986.

出现相同的状态。权利的成本效益分析和修大坝时政府运用的成本效益分析,存在很大的不同。这些分析过程中的不同,决定其结果也不相同。政府在对大坝进行成本效益分析时,因为这是一个真实存在的工程,因此分析者会在现有的预算限制内进行成本效益分析,分析者也通常接受把现存的收入分配作为评价过程中的一个有力因素。但是,法律经济学者在对权利问题进行分析时,他们完全可以毫无障碍地在一些假定的预算限制基础上展开评估,甚至可以完全超出预算限制,来计算成本和效益,并且在这一进程中可以考虑"工程"在收入分配上的潜在效益以及基于对更高或更低程度公平的偏好,这些举动都似乎被人们当成是合情合理而接受。但这些做法,都意味着法律经济学者在对权利进行成本效益分析时,实际上是已经对影响成本和效益分析的若干因素,依据其自身的认识乃至需要作出了选择和判断。需要指出的是,这种判断不是基于对或错那样的绝对判断,而意味着对一些因素需要进行主观的取舍和赋值。而很明显,这一过程就容易让我们怀疑法律经济学标榜的客观性是否存在。因为法律经济学家在对权利进行成本效益考量时,不可避免地包含着自己的价值判断。这一过程其实是一种主观选择的过程。

更重要的是,无论如何确定规则,这个决定都将会产生一个分配效应(distributive effects)。在对大坝进行分析时,这种效应将会作为一种主要因素参加到分析中去,但在自由主义对权利的经济分析过程中,分析者既可以拿这些效应来与一个假设的权利产生的收益相权衡,以决定其取舍;也"完全可以尝试纠正收入不平等带来的对预算限制以及因此对评价成本和收益的影响"。① 但很明显的是,没人要求他们必须这样去做,这是他们自己选择的一种方式。经济学告诉了我们成本效益分析

---

① See Duncan Kennedy, "Cost – Benefit Analysis of Entitlement Problems: A Critique" Stanford Law Review Vol. 33:387 p. 390.

的一般原则和方式，但它没有告诉我们如何去计算成本，如何去评价收益的具体办法，即经济学没有创造一个万能公式，通过它，我们就可以以一种简便客观的过程，得出一个客观的结果。因此，经济分析的过程中，有许多环节都是通过法律经济学家自己的选择去完成的。法律经济学家如此做，不能说不允许，也不能说错误，但很明确的是，基于经济学家对这些影响成本效益分析的因素的取舍和态度，我们可以质问经济学家，他们的分析过程能否体现成本效益分析的确定性和客观性？不论经济学家是无意中忽视了这些因素的影响，还是他们在有意识依照其价值判断来确定了成本效益分析时的各种变量（或掩饰了某些影响分析结果的因素）。但法律经济学在这个过程中的做法，至少告诉了我们一个确定的问题，那就是，权利的经济分析产生不了一种绝对客观的有效率结果，法律经济学家对变量的选择和分析，不可避免地发挥了其"主观能动性"，其分析的结果如果是有效率的，也仅仅是分析者主观的有效率或者多个结果中的一个。这种分析是有意或无意中赋予了权利的成本效益分析结果一种虚伪的客观性。

因为，在权利的界定过程中，"分配效应"会扩大、中和或削弱了"有效率的收益"。① 同时，收入分配问题在权利分析时加以考虑既没有障碍，也是有必要的。但法律经济学家在分析时，却忽视了分配效应对效率的影响。即肯尼迪认为，权利配置并非如自由主义者分析的那样流畅。一些现实存在的因素将会使成本效益分析达不到一个如此效率的结果。而这些因素中，最重要的就是分配效应的影响。举个例子，如果我们将有效率的结果比成一个小球在光滑平面状态下的运动，那么这个小球的理想状态应该是无休止的匀速运动，而如果存在摩擦力，那么小球就可能达不到或保持不了匀速状态，而分配效应

---

① See Duncan Kenned, "Cost – Benefit Analysis of Entitlement Problems: A Critique", Stanford Law Review Vol. 33: 387 p. 392.

正如阻止有效率结果发生的摩擦力。肯尼迪认为,"法律经济学仅仅涉及或者分析了影响这一运转的一部分因素,通过这些条件,我们产生了效率或者潜在的帕累托最佳,但却忽视了或低估了分散效应可能带来的阻碍效率产生的影响"。[1] 如果考虑进这些因素,也许结果会是另外一个样子。关于分配效应以及财富效应对权利的效率分析的影响,笔者在后文将会另有论述。

总之,法律经济学的权利分析过程,肯尼迪认为,很多看似合理的环节都存在问题,这些问题没有被法律经济学所关注(或者是有意忽视),但这些问题无疑是对法律经济学的效率分析有很大影响的。这些问题足以使经济分析的客观性神话破灭,也使经济分析的有效率结果只能是空中楼阁,更重要的是我们可以质问:是否面对这些问题时,经济学家所作的取舍中,已经包含着一种"潜在的帕累托"(Potentially Pareto)判断或选择,使分析进程成为一种他们可控的过程,使符合他们价值的有效率的结果,必然会发生。

二、外部性理论及其对成本效益分析的影响

1. 外部性理论

外部性又称为外部效应(Externality)或溢出效应(Spillover Effect),它最初出现在新福利经济学中。萨缪尔森和诺德豪斯对其定义是:"外部性是指那些生产或消费对其他团体强征了不可补偿的成本或给予了无须补偿的收益的情形[2]。"根据德姆塞茨的观点,外部性是一种由某个当事人的个人行动给他人带来的并由他人承担的效益或损失。总之,外部性造成了某经济主体行为的社会成本与私人成本、社会收益与私人收益的不相

---

[1]　See Duncan Kennedy, "Cost – Benefit Analysis of Entitlement Problems: A Critique", Stanford Law Review Vol. 33:387 p. 392.

[2]　萨缪尔森、诺德豪斯著:《经济学》,华夏出版社1999年版,第263页。

等。即人们的某一行为对外部产生
了影响，但这一影响却没有在其正常
的评价体系中反映出来。法律经济
学关于外部性的经典案例是工厂污
染损害问题。某工厂在生产过程中，
产生了烟雾污染。这一烟雾损害就
是工厂行为的外部性。它是工厂生
产的商品的一个成本，但工厂在确定
该商品的价格时并没计算进去这种
成本，而很明显，当我们需要客观、科
学地评价该产品的成本与效益时，存
在于外部效应领域内的这一部分成

萨缪尔森

本或收益就需要被内化为企业的成本。因此，外部性成为人们
对法律进行成本效益分析时所需要考虑的因素。

　　早期的经济学理论认为，外部性可以通过政府行为解决。
即政府可以通过管制（比如关闭其经营场所，我国政府针对小
煤矿的治理措施就属于此种）或通过一种罚款和奖励体系，以
"庇古税"①的方式来确保产品的外部成本和外部效益被生产他
们的公司内部化。这些措施在相当长的时间里被认为是解决
外部性的经典做法。但很明显，这些措施看起来很好，实际却
并不可行。因为对某一行为进行处罚，必须具有法律上的依
据。但现实中，某些行为我们认为产生了外部性，但是法律对
这些行为是免责的，或者根本找不到适合的依据来对这些行为
进行法律上的非难，或者受损人没有法律上的权利来要求损害
赔偿，那么就很难将这一外部性与社会成本联系起来并被内部
化。因此，也就剥夺了某些外部性进行内部化的可能性。因

---

　　①　根据污染所造成的危害程度对排污者征税，用税收来弥补排污者生产的私
人成本和社会成本之间的差距，使两者相等。这是由英国经济学家庇古最先提出，
因此，这种税被称为"庇古税"。

为,目前,侵权法规则只要求行为人对自己过错造成的侵权承担责任。而如果效率要求产品的社会成本必须被产生它们的公司内部化,那么民事侵权法应该被修改成,如果这些行为造成了损害,就要对该行为施加责任。即侵权法应该完全以严格责任(strict liability)为归责原则。

后来,科斯提出了解决外部性的新理论。在《社会成本问题》一文中,科斯说,外部性不是单向的,而是具有相互性。按照"庇古税"理论,如果甲的行为对乙产生负的外部性,那么就应该由甲对乙进行补偿。这一补偿既解决了外部性,同时带有浓厚的道德色彩和自然法痕迹。科斯认为,外部性造成的损害并非一方的成本,而是可以当成双方行为的共同成本。而如果存在自由竞争,外部性完全可以通过双方的交易行为内部化。即在自由竞争的互动中,这一共同成本可以被当事双方以一种最为有效的方式消化掉。"有关的交易双方之间的自由交易契约过程会使所有与帕累托相关的外在性都趋于消失。"①

2.肯尼迪对外部性理论的评价

肯尼迪认为,法律经济学的外部性解决思路存在很大问题。

首先,法律经济学认为法律上的严格责任是为了解决外部性的理论而出现的,因此,严格责任体现了经济分析的效益观点。肯尼迪认为,这个结论很武断。因为法律经济学家包括科斯在内,只将自己的目光关注到庇古、英国侵权法和处理外部性的公共法律政策上来,但是他们从来没有提及法学领域单独的严格责任运动。而实际上,一些法学家的思维与主张以及法学界发生的一些与经济思维无关的事件,同样促进了严格责任的勃兴。比如在"艾斯克拉诉可口可乐公司"②一案中,围绕被

---

① 布坎南著,平乔新、莫扶民译:《自由,市场与国家——80年代的政治经济学》三联书店1989年版。

② See Escola v. Coca - Cola Bottling Co. 1944.

告的责任问题，激烈的争议曾经一度存在，后来特雷纳（Traynor）法官的主张胜出，从而在理论上奠定了严格责任在普通法的基础地位。此后，Holmes、Cardozo、Hand、W. O. Douglas、Fleming、James 和 Prosser 等法学家都曾对侵权行为进行过法理上的思索、对严格责任进行过政治或法律上的呼吁。因此，一个基本的事实已经摆在了人们的面前：那就是，严格责任并非仅仅是出于解决外部性理论的简单目的，其产生的背后具有法学家基于其他因素的考虑和推动。在这个意义上，法律经济学家如果喜欢增加企业义务或想赋予企业一定责任，那么他们将必须在其他背景（比方政治的）下争论，而非仅仅通过与效率的结合来进行。

其次，关于科斯提出的解决外部性的理论以及科斯定理，肯尼迪坚持了与其他学者类似的怀疑。不少学者已经对科斯定理本身的价值以及其在法律经济学中的运用提出过质疑（甚至科斯本人也对波斯纳对科斯定理的运用提出了反驳）。科斯定理为我们提出了一种外部性的自由市场解决方式，但一个很明显的问题是，如果存在了自由市场，那么就根本不会出现外部性了，因为在完全竞争的状态下，私人成本和社会成本是相等的，于是"所有对外部性的分析就都是多余的了"。① 同样获得过诺贝尔经济学奖的学者，包括舒尔茨、施蒂格勒以及法律经济学家库特都指出，你不能找到这样一个例子：在完全竞争市场中，还会存在着外部性。同时，我们也知道，"科斯定理"是科斯通过经典的，也可以说是特殊的、不可多得的案例表达出来的一种思想，它需要许多的前提假设和现实限制，比如它需要交易成本的缺失、需要在较少的交易主体之间进行等等。于是，科斯定理并不能简单地扩展为一种普适的理论。因此，肯氏认为，"科斯定理的历史性讽刺在于它被认为是法律经济学

---

① See Duncan Kennedy, "Cost – Benefit Analysis of Entitlement Problems: A Critique", Stanford Law Review Vol. 33：387 p. 397.

的源泉,但这个理论的主旨却显示它是不合实际的"。① 在某些情况下,作为法律经济学基础的科斯定理,恰恰证明了法律经济学的路径是行不通的。它既可以成为法律经济学的盾牌和基础,也同样可以成为对方攻击法律经济学的武器。

3. 肯尼迪对外部性的扩展

肯尼迪认为,法律经济学的外部性理论有许多缺陷。在上文已经提到。除此之外,肯尼迪还对外部性理论提出了自己的新看法。在下文,我们将会发现,肯尼迪的这一深化具有很大的意义。

在法律经济学者看来,"外部性"和"社会成本"是内涵比较清楚的概念。他们认为"成本"是一个很简单的概念,不值得深入分析。在早期,法律经济学者将"事物的成本"通常用"引起行为发生的原因"来表达②,如果某工厂产生的行为造成了烟雾污染,那

法律经济学的发源地芝加哥大学校园

么该烟雾污染就是工厂行为的成本。这一定义无疑是很狭隘的;即使到了科斯时代,外部性的成本仍然局限在那些传统的、能为我们的身体直觉所感受的部分,即局限于物质损害的范畴。但是在现实社会中,我们会发现,有许多行为,它们虽然没有给人造成明显的、物质上的损害,但仍然给人造成了心理上或其他非物质的伤害,假定张三和李四协商后,张三拥有了一个可以任意殴打李四的权利,但他殴打李四时,可能会给一个年迈的老太太造成心理上的不适感。肯尼迪认为,这些心理上的或者其他非物质性的影响都毫无例外属于外部性。在对一

----

① See Duncan Kennedy, "Cost – Benefit Analysis of Entitlement Problems: A Critique", Stanford Law Review Vol. 33: 387 p. 397.

② See Duncan Kennedy, "Cost – Benefit Analysis of Entitlement Problems: A Critique", Stanford Law Review Vol. 33: 387 p. 398.

项权利进行界定时,必须要考虑这些以心理损害为内容的外部性。因为它们必定会影响乃至决定一项权利的成本效益分析。仍以张三和李四为例,也许张三和李四两个人自由谈判的结果(张三有权任意殴打李四)会因为老太太为了避免自己心理上的不适感的出价而有所变更甚至彻底改变(老太太的出价使张三丧失了殴打李四的权利),这个时候,李四的(不被殴打的)权利就完全依靠老太太这一"第三方的强烈的外部效力①"得以实现。

但很明显,肯尼迪认为,这些新的外部性因素并没有被法律经济学家发现、并体现在现有的分析过程中。也就是说,在法律经济学当前的经济分析过程中,外部性被低估了。也很显然的是,法律经济学即使考虑到了也不可能找到一种客观的方式来评价这些因素。因为从理论上来说,这些心理的、非物质损害,也无法通过一种客观方式来完成衡量。他们只能根据自己的主观选择或者基于某种价值的选择来对这些因素进行选择,而这些选择的过程,首先意味着价值判断开始夹杂进来,同时意味着不可能产生一个客观的确定的有效率的结果。

三、出价和喊价对成本效益分析之影响

出价(offer price)和喊价(ask price)问题是在对权利进行成本效益分析时不可避免的问题。在权利界定过程中,在对相关人进行成本和效益评价时,势必会遇到下面情况:"如果禁止我去做某一件事情,你将会出多少钱"或者"如果允许我去做同一事情,你喊价多少"。即,人们有时会通过喊价,有时会通过出价来评价某一权利或行为,以计算成本或效益。而这对经济分析产生的结果是不同的。

肯尼迪认为,这是因为出价和喊价受到人们现有收入水平

---

① See Duncan Kennedy, "Cost‒Benefit Analysis of Entitlement Problems: A Critique", Stanford Law Review Vol. 33:387 p. 404.

的影响。例如,一个人如果拥有一栋价值 25 万美元的房子,在交易时,我们会发现,她不愿意以低于 50 万美元的价格出售,但还是这个房子,如果她买的话,她仅仅愿意出(也由于收入水平)25 万美元。我们会发现收入的减少比收入的增多对大多数人来说会带来更大的问题,而如果我们大大增加她的财富,我们可能会发现她的出价比她的喊价明显地增长迅速,直到这两者相同。也就是出价和喊价,会受到人们现有财富水平的影响。这也意味着,如果某一行为者有一权利可以避免损害发生,相比起她没有这项权利,会赚更多钱。

再就是,Kelman 在论述科斯定理时,已经发现人们存在一种试图维持现状的心态。"人们一般更多地关注和喜爱事物的现存状态而不是这些事物可能成为的状态。"[1]一个人从难以治愈的病痛中彻底解脱出来后所享受的喜悦比他在健康状态下获得其他的快乐所享受的喜悦要多得多。相比于人们没有的东西,他们也更喜欢一些他们拥有的东西。更加普遍的是,人们讨厌去破坏一个(已经)平衡的状态。引申出来,如果你正在遭受某种灾难,如果不是通过我的行动造成的,我认为将你解救出来的义务仅仅是道德上的有限的义务。而如果你的遭遇是"通过我的行为引起的",那么我的义务就和前者不同,而相应评价也不一样。我可以通过提供 5 美元,履行我的道德义务去正面帮助你从灾难中解脱出来,但是,如果我将我的一个权利(这个权利可以让你免于遭受灾难)以 1000 美元的出价卖出去,让你遭受了一种灾难,那么我的这种行动是不道德的。在权利界定中,我们会发现大量出价和喊价不同的情况。

肯尼迪认为,这些因素使得法律经济学的效率分析出现障碍。也就是说,当事人的财富和心态不同,会导致他们在对相关事项进行评价时,使用不同的出价和喊价,而出价和喊价的

---

[1]　Kelman, "Consumption Theory, Prodection Theory, And Ideology In The Coase Theorem", 52 S. Cal. L. Rev. 699,678 – 695.

不同对权利的成本效益分析的影响也必定是不同的。

这个问题在第三方存在的时候会更复杂:上文我们已经提及,权利的界定或者资源的分配会对第三方造成影响,即产生外部性。在你用武力强行从我身边拿走我的帽子之后,是否我可以拿回它;是否我可以把我自己卖给你当奴隶;是否我可以签订一个有效的合同去一个充满不安全因素的煤矿;或是否我的邻居可以阻止我烧树叶等等,这些例子涉及的每一个权利的界定都将会对各种各样的第三方产生影响。这个第三方的影响,既有物质的损害,也有心理的影响,所有这些,是否应给予评价,是个复杂的问题。如果应该评价,如何评价,也是一个重要问题。而且如果涉及出价和喊价问题,这些情况会更复杂。因为当事人对第三方或第三方对当事人的出价和喊价的不同,也势必会影响到权利的分析过程和结果,这也大大增加了成本效益分析过程中的不确定性。

肯尼迪认为现行的法律经济学的进路都没有明确涉及这些问题。它既没涉及应否去评价权利的外部影响这个问题,也没涉及如何解决出价和喊价问题。这些问题,现实中也没有标准答案。这就暗示在分析过程中,分析家们必须自主确定一个选择。也就是,如果遇到这些问题,"分析者就由着自己的思想"①进行。比如他会问自己"假如我们要评估邓肯卖自己为奴隶的合同对马克产生的影响,我们就可以通过询问马克阻止邓肯做这件事情的出价来衡量,或者我们可以通过问马克,如果他放弃自己拥有的那个'邓肯不应该卖自己为奴隶'的权利的喊价来评价"。即分析者大多是通过自己的判断来决定是否出价或要价与对外部性的评价相当。

而这一过程,首先告诉我们,效率结果的确定性是不可能的;而且分析者"由着自己的思想"来进行,也使这种分析毫无

---

① See Duncan Kennedy, "Cost – Benefit Analysis of Entitlement Problems: A Critique", Stanford Law Review Vol. 33:387 p. 410.

疑问的存在政治性的、或者情感的观点,即分析者在对第三方的影响进行评价的过程中,他必须根据情感或政治性的倾向作选择或评价。这一结果很明显地表明,"效率或者成本效益分析仅仅是简单的一个语言,它依然是对坚持政治性或者情感的讨论,而不是一个发现关于外部性世界的事实的方式"①。

肯尼迪认为自由主义在成本效益分析的历史中,先后出现过两种方式。其一是"收益者贿赂损失者"(winners bribe losers)的路径,其二是"无交易成本"(no transaction costs)的路径。这两条路径都不能解决出价和喊价问题。

在"收益者贿赂损失者"的路径中,经济学家的分析势必存在两个问题:"其一是经济学家的偏见问题,其二是经济学家依托的基线问题。"②前者,是说经济学家在评价相关因素时,势必借用自己的"主观能动"在复杂的因素中进行选择;后者,是说经济学家的分析依赖的基线都是现存的法律制度,而这同样等于选择了一种制度的偏见。二者综合起来,就使得经济分析的客观性为人们所质疑。因为,以现存的秩序为基线将许多我们进行权利配置时需要证明的问题当成了证明的前提。这就使得结果不确定是必然的。比如,一台珍贵的透析机,根据法律经济学家的观点,最有效率的方式应是卖给富人。因为这样可以产生最大的效益。但是,它的前提是透析机的所有权不属于任何其他人,它只属于生产它的工厂。这样,穷人有没有权利来享受机器本来是对机器进行分配时,需要考虑的重要问题,而在法律经济学家的分析中,穷人没有机器的权利,机器属于工厂就当成了一个假定的前提存在(依据现有产权制度)。正是在这个结果下,法律经济学家认为,给富人使用才是最有效率的。而在对低标准的住房进行评价时,认为这些低标准的住

---

① See Duncan Kennedy, "Cost – Benefit Analysis of Entitlement Problems: A Critique", Stanford Law Review Vol. 33:387 p. 408.

② See Duncan Kennedy, "Cost – Benefit Analysis of Entitlement Problems: A Critique", Stanford Law Review Vol. 33:387 pp. 411 – 413.

房能给儿童带来更大收益（比起这些低标准的住房带来的租金收益），因此这也是有效率的，但这个结果其实是建立在另一种标准之上的。它无疑也是经过分析者自己的价值抉择之后的选择。

这些"偏见"使分析结果不客观成为必然。而这些"偏见"更为重要的是，使分析结果倾向于维持现状，使分析者的分析过程和结果变成了一种可控状态。它决定了分析者的结果是我们可以预测的，那就是结果必将是有效法律制度的继续。

而在"无交易成本"的路径中，出价和喊价问题同样依然存在。

肯尼迪进一步说，法律经济学家在实践中采取的成本效益分析路径其实是一个"收益者贿赂损失者"和"无交易成本"混合的路径，但它同样不可能解决出价、喊价问题。相反，在这里，混乱的逻辑助长了"同义反复"的空间。

总之，在对权利进行经济分析时，关于是以出价还是喊价来对相关因素进行评价，经济学建议没有标准。同时，他们认为"出价和喊价问题在实践中是没有意义的"，这就使得法律经济学家会在成本效益分析时很容易地忽视它们的重大影响；进而决定了经济学家会在分析时选择权利的平均或者普通的喊价为标准。对此，肯尼迪认为，法律经济学家的这一"选择"不仅仅是技术问题，它无疑也表明了法律经济学家的一种明显的政治倾向，涉及了一系列的价值判断。

四、成本效益分析的一般不确定性因素

肯尼迪认为，即使我们寻找到一条正确的途径来解决了出价－喊价问题。权利的成本效益分析仍存在问题。这种问题就是"一般不确定性问题"（General Indeterminacy）。

1. 一般不确定性的一般概念

肯尼迪认为，资源配置与收入分配的关系，对于权利设定是很重要的，因为关于权利的每一种选择都影响着相关当事人

的财富和收入。如果授予他们禁止家畜闯入的权利,农场主们会变得更富有;如果把未经全体受影响当事人同意而鸣响教堂钟的行为规定为非法,那么偏爱安静的人就会变得更富有。因此,我们可以说权利的界定对社会的财富分配有一种基础性的影响。如果一个社会希望绝对的平等,仅仅通过在开始给每一个人同样的金钱是不可能完成的。因此,如果权利的界定确定是财富分配和增加收入的一个组成部分,那么随之而来的一定是、也必定是资源分配中的确定性因素。权利的变动把财富和收入从一个人转向另一个人,并应当通过消费者需求的机制来操作,而影响该生产什么的选择。这就是关于"一般不确定性"理论的简单表述。即权利是财富的一个组成部分,权利界定可能通过"财富效应"来影响资源配置。这种不确定性是一种明显的观念,但它目前仍为法律经济学领域缺乏关注。

2. 权利种类和财富效应

在权利的界定过程中,存在不同的权利种类,这些权利都会存在财富效应,它们都会影响权利的界定。肯尼迪将权利分为三种。

第一种权利,是我们将要讨论的权利,即需要界定的权利。面对面的邻居,烧树叶的土地所有者所拥有的权利,就是这一种。这种权利可以称为"所涉权利"(entitlement in question),①它是我们分析的对象。

第二种权利,可以称"第三方权利"(third party entitlement)。② 我们提到了 C 的关于 A 对 B 使用暴力的权利问题,提到的(在树叶燃烧者的权利分析中)单元房居民和环保主义者的权利。都是这一种。毫无疑问,他们的权利在"所涉权利"的成本效益分析中是很重要的,因为 C 关于 A 对 B 使用暴力的权

---

① See Duncan Kennedy, "Cost – Benefit Analysis of Entitlement Problems: A Critique", Stanford Law Review Vol. 33 : 387 p. 423.

② See Duncan Kennedy, "Cost – Benefit Analysis of Entitlement Problems: A Critique", Stanford Law Review Vol. 33 : 387 p. 423.

利存在与否,决定了是否我们在决定 A 与 B 的权利问题时,将 C 的出价或喊价纳入考虑。

最后一种,即"背景权利"（entitlement back - ground）。它们处于关于"所涉权利"和关于"第三方权利"的决定的"背景之中"。如果问题是烧树叶,就有关于河岸所有人权利的,关于合同执行的,关于光线与空气的舒适的,关于过失侵权的精神损害的,以及其他种种的权利。换言之,与所涉权利相关的问题,总是在其他有效权利的明示或暗示的内容中得到确定的。①

"所涉权利"界定带来的财富效应。由于财富效应的存在,对"所涉权利"进行的界定,将在很大程度上影响权利界定有效率结果的发生。肯尼迪认为,资源的配置根据"所涉权利"的设定而具有可变性的主张,是与我们的目的相关的,它展现出"所涉权利"本身的效率分析具有潜在不确定性。换言之,如果"所涉权利"界定带来的财富效果足够大,它就可能陷于对界定本身的质疑。假定一种权利界定,把纯公众利益加于一方当事人身上,把纯公众损失加于另一方身上,那么其结果将会保持初始的界定状态。具体来说,如果有一个权利规则,其界定决定了沙漠中最后一杯水的所有权。那么我们想象,无论谁开始拥有这杯水,他都会在谈判过程的最后拥有它,因为拥有这杯水的人不可能会卖掉它,同时他人也不可能有足够的财产来购买它。另一种根据是,通过改变规则获利的收益者（现在不拥有这杯水的人）不可能贿赂损失者（当时的所有人）,让他接受这种改变。② 这个极端的例子很容易说明,财富的影响可能会足够大,以至于最初关于"所涉权利"的界定决定着最终的结果。例如,可能会这样,如果污染者有权污染,邻居土地所有者不可能出钱让他们放弃,然而如果邻居土地所有者们有权享用清新

---

① See Duncan Kennedy, "Cost - Benefit Analysis of Entitlement Problems: A Critique", Stanford Law Review Vol. 33 : 387 pp. 423 - 424.

② See Baker, supra note 74, at13 - 16, Heller, supra note 1, at 441 - 446.

空气,那么他们的要求远不止是工厂为排放而付费。既然由权利初始界定所产生的财富效应,趋于使那种界定在分析的结论中表现的更有效率,它有时被描述为引入一种赞同维持现状的偏见。

当然有一些法律经济学家对这一财富效应进行了补充,他们认为在有些情况下可以采取特殊的措施来抑制财富效应的影响,比如初始界定可以通过一种相对公平,比如拍卖的形式来进行,这样结果就显得有效率。还有一种辩护是,在一些案件中,"所涉权利"的设定会通过财富效应而产生实质影响,但这只是特例,①大部分权利设定问题都涉及对当事人财富的相对边际效应。在这种情况下,始于一种界定或另一种界定的选择,不大可能影响当事人对可能的资源配置的计算,以达到改变他们关于何种权利界定是众多选择中帕累托最优的结论这样一种程度。但肯尼迪认为这些辩解根本没有说服力。

"第三方权利"的财富效应。肯尼迪继续认为,第三方对界定权利的成本效益分析的影响是很巨大的。第三方的各种实际的或假定的影响,很可能是巨大的———一般要比我们直觉想象的,对当事人直接卷入其中的所涉权利的财富效应,要大得多。无论我们把这些影响归于财富,归于道德,归于意识形态,还是归于几个奇思妙想,它们都为成本效益分析引入了更大剂量的不确定性,这种不确定性直至今天一直是被多多少少地忽略了的。因此,我们是否对第三方的出价和要价产生的第三方效应作出估计,这会经常使成本效益分析的结果大相径庭。

"权利背景"的财富效应。肯尼迪认为,"权利背景"对通过成本效益分析进行的权利界定产生的影响,相比与第三方相关的影响,得到的关注更少。但不可否认的是,这类权利对成本效益分析,影响也是巨大的。如果我们能够操控整个权利背景,我们就能带来财富的巨大改变,以至于它使我们彻底地控

① See posner, supra note 89, at 108 – 109.

制了任何给定权利的成本效益分析。例如,假定问题是土地所有者由焚烧树叶而引发的责任,如果我们已经设定的权利背景都是最大化土地所有者的收益,我们就几乎一定会使他们对于烧树叶特权的出价和要价同时提高。如果同时,我们着手系统地使单元房住户和长期环保主义者贫困化,我们就会降低他们的出价和要价。如果我们走得远一点,我们就应该能够保证,只要"所涉权利"是初始确定的,无论我们如何设定第三方的权利,创制土地所有者焚烧的权利总会比别的选择看似帕累托更优。这意味着,一个"所涉权利"的分析结果,在很大程度上与所有权利在权利背景下的状态有密切关系。在现实中,可能会有(其实总是会有)某些权利背景体系,它们产生的财富效应如此之大,以至于决定了对"所涉权利"的界定结果。或者干脆说,"所涉权利"的界定结果,必将反映权利背景所体现的价值,它不过是权利背景的一小部分延伸。因此,我们可以说,采用任何特殊的权利背景,等于选择了一种有利于某些财富占有者阶层而不利于其他阶层的偏见。

　　3.其他不确定性因素

　　肯尼迪认为,即使在权利背景假定下,成本效益分析也具有不确定性。权利问题的成本效益分析的不确定性还有下列三个来源。

　　其一,极权主义(totalitarianism)。① 任何把通过操控权利来再现无成本谈判的产出的分析规划付诸实践的尝试,都会要求在相当高的程度上侵入市民的事务,因此,对这一干涉本身所造成的自治的损失如何评价是个问题。举个例子,根据我们在上文中对外部性的分析,自由主义分析者既然能够基于其可悲的旁观者的外部效应,来证明禁止奴役契约的正当性,那么他们也就当然能够编造出一些外部效应,把所有的权利都转变为

――――――――――

① See Duncan Kennedy, "Cost – Benefit Analysis of Entitlement Problems: A Critique", Stanford Law Review Vol. 33:387 p. 429.

禁令。而禁令的使用、罚款、奖励等等,都会对一切有着自由意思的市民产生不良影响。那我们都一定要问,公民会要求多少钱作为放弃自治感觉的代价,这种自治感来源于生活在一种权利的制度中而不是生活在政府命令中。而很明显,这个问题是法律经济学者所忽视的。

其二,累计财富效应(cummulative wealth effects)。[1] 如本文开始所说,法律经济学家认为,假定我们知道哪些规则是现行有效的,我们对"极权主义"也没有任何障碍。那么,如果我们的有效率标准是在既定权利下的无成本谈判成果,那么在任何特定情况下,我们就能计算出在无交易成本情况下当事人本应该如何分配资源这一结果。我们之后就可以更改所涉及的权利,来把它们引入存在交易成本的同样配置中去。如果我们一遍又一遍地重复这种操作,我们就应该会提出一套在给定初始状况下体现效率的规则。

在对权利进行成本效益分析时,这样假定完全合理,它可以使(权利变更引起的)财富变更对资源配置的影响降低到最小。假如,现在我们已经为了再现有效配置而更改了一种权利,从而改变了财富分配。但是,既然这种改变已经对资源配置没有任何效果或者效果可忽略不计,我们就能继续我们的下一个权利问题,并试着正确界定它,或者探寻在初始权利界定和要素分配下的无成本谈判成果,或者探寻新权利界定下的细微差异。我们会在每种情况中遭遇同样的结果。然后我们就再一次更改了权利,以再现无成本谈判,再一次假定了没有或可忽略的财富效应。

肯尼迪认为,在权利的成本效益分析过程中,我们假定财富效应对资源配置的影响是可忽略的。主要的原因是,"我们似乎在品味非常相似的人中间再分配着少量的财富,而不必改

---

[1]　See Rizzo, supra note 1, at 648 – 651.

变整个收入分配①"。在这种观点下,把有效权利界定的决定问题,和公平分配问题划分开来,似乎是可行的、也是合理的。

但有一个问题是,除了"由于权利背景之中建构的不平等所产生的偏见问题"②以外,还有两种方式使这种方法暴露出缺陷。这就是累计财富效应的问题——"那是由数十到数百次产生与同样的分配性偏见的、微小的权利变化而导致的分配的、巨大的变化仍在影响着权利的界定③"。此外,还有"关键"(key)权利规则的问题。这些规则之所以"关键"是因为它们的变更会对配置产生直接的分配财富效应。因为这种变更导致收入在不同阶层之间的转移,因此就既改变了与不同品味相联系的购买力,也改变了总的分配类型。

其三,多重最佳问题(multiple optima)。④ 肯尼迪继续认为,即使我们在现行规则下,成功地选择了一种权利背景,第三方出价要价过程,以及效率标准,考察了每个人对于多多少少的政府控制的偏好,算出了一种能够永远修正权利界定的财富效应的程序,但仍有一个问题会影响效率的不确定性。即我们仍不得不作出一个最终的首要的价值判断,而它永远不会被自由主义者所影射。这就是,"在任何权利的初始界定下,无成本谈判的结果是理论上(并不是说实践上)不确定的"。⑤ 也就是说,在理论上,根本不可能存在一个确定的、客观的效率结果,资源配置的有效率状态(帕累托最佳状态)在理论上是不存在的,或者会出现多重最有效率的结果。因此效率并不能为立法者提供一种强有力的指导思想或目标。法律经济学家所谓的

---

① See Duncan Kennedy, "Cost‐Benefit Analysis of Entitlement Problems: A Critique", Stanford Law Review Vol. 33: 387 p. 434.

② See Bebchuck, supra note 91, at 677 – 684, text, accompanying note 102 supra

③ See Duncan Kennedy, "Cost‐Benefit Analysis of Entitlement Problems: A Critique", Stanford Law Review Vol. 33: 387 p. 434.

④ See Rizzo, supra note 1, at 652 – 653.

⑤ See Duncan Kennedy, "Cost‐Benefit Analysis of Entitlement Problems: A Critique", Stanford Law Review Vol. 33: 387 p. 4380

客观有效的结果,势必带有自身的主观价值选择过程,其经济分析中的政治辩护的意识也是很明显的。

第三节　对肯尼迪批判的简单评价

从上文,我们可以看出,肯氏的全部批判围绕法律经济学效率的不确定性展开。不确定性是文中出现频率最高的一个词汇。在肯尼迪看来,法律经济学是一个外表看似体现经济分析、结果客观、追求效率的过程,但其实主观偏见充斥在整个分析过程中,包含大量的政治和情感等主观选择。因此,不同价值主导下的选择,引发的对效率的认识和产生的结果也是不同的。即法律经济学家只不过在许多的有效率结果中选择了一个适合自己的价值判断的结果。它使维护现实存在的秩序成为其论证的目的,使有效率的结果与论证现存制度的合理性合二为一。因此,我们可以说,法律经济学在某些具体的场合或许可以运用并得出预期的结果,但用法律经济学来设计整个私法体系,是不可能的。这个方法对我们看来,更确切的作用是指导作用而非唯一的决定作用。

但为什么存在这些问题,法律经济学家仍然进行下去,并且仍然得以以客观性的外表标榜呢? 也就是说,为什么法律经济学家的主观选择,看似完全由着法律经济学家自己来进行,但这些选择在一定的程度上,却都具有大致的思路,能出现大致的结果? 肯尼迪认为并且通过他的分析提示我们,这是因为意识形态的功效。

意识形态,是马克思主义的核心词汇,一个我们耳熟能详的词语,在这里,笔者不作过多论述。在这里,肯尼迪坚持了和希勒同样的观点,即意识形态的存在,使同一社会中的法律经济学家的个人选择所坚持的价值选择,具有了一种共性,这也决定了法律经济学家的所有的思路都大致会体现一种共同的价值,从而使结果出现一种相对一致的局面,而这种相对一致的结果由于意识形态的影响，似乎变的非常客观和合理，这就是法律经济学宣言的客观具有许多外表合理的内在原因。①

肯尼迪还认为，所有法律经济学的努力，都是为了证明现存的一切都是有效率的。这也是意识形态的作用。法律经济学的价值，文中已经表达了，其目的不过是在论证现存制度的合理性。其结果必定是呈现现存的一切都是最为有效的结果。这是有着深刻的政治根源的。即肯尼迪认为所有的法律经济学家的努力，都体现了一种政治上的价值倾向，体现了一种政治群体的经济分配需求。法律经济学不过是以一种相对客观的方式来为这种政治群体利益的法律分配，提供了一种论证的思路。而法律经济学的更大"贡献"还在于，它不仅仅在为政治群体的利益法律分配辩解，更重要的是，它是通过一种方式将有政治倾向、有利于统治者的东西打扮成中性的、有利于全社会的东西。从而使得政治群体的利益分配显得合理。

法律经济学在美国是一门显学，而如果我们走出美国，站在一个相对客观的角度来看，我们会发现，法律经济学的研究方法、价值判断都是在一种自由主义的背景下展开。而肯尼迪，就像那个敢于说出"皇帝新装"的真相的小孩。他勇敢的告诉我们：自由主义并非不可辩驳的真理，它也仅仅是一种意识形态。即以科斯定理为基石的法律经济学，其所有的有效率的判断都是基于自由主义的价值作出的，因此，其维护以自由主义为基础构建的美国经济和政治、法律制度，也就在情理之中。也正因为这种价值上的契合性，使得法律经济学在美国社会中，具有一种客观的倾向性，甚至能为统治阶级所认可。这也是为什么法律经济学在美国被接受，并且其诸多成员被任命为各级法院的法官的根源。但换一种经济背景，这种效率性就可

---

① See Duncan Kennedy, "Cost-Benefit Analysis of Entitlement Problems: A Critique", Stanford Law Review Vol. 33:387 p. 444-445; See Heller, "Is the Charitable Exemption from Property Taxation an Essay Case?" supra note, at 193-198.

能会遭受质疑。因为不同的进路和价值,对分析过程中的影响结果的变量的取舍和厘定就是不同的,进而其认为的有效率的结果也是不同的。这就是上文中肯尼迪认为的效率结果不确定,人们的价值选择不同,结果的选择也不同的根源。

关于不同背景下的法律经济学进路和结果的不同,后期的法律经济学家也已经有所涉及,比如麦洛伊就认为古典自由主义经济学模式其实隐含着大量的相对稳定的意识形态,现实中其实存在多种经济分析法学的流派。① 这其实也已经隐含体现了批判法学和肯尼迪的意识形态因素。

肯尼迪对法律经济学的批判以政治和意识形态的独特视角展开。它为我们思考法律经济学的价值,提供了一种思路,也为我们反思法律经济学的国际移植,提供了一种思索的理由。即法律经济学主要依托自由主义背景展开,它能否实现在全球的扩展,是值得认真思索的。因为全球各国分享的意识形态和政治价值判断是不同的。

总之,肯尼迪关于法律经济学的批判,无论其内容能否为我们现在所认识并接纳。但其身在美国,却敢于批判美国引以为豪的法律制度的勇气以及为之付出的所有艰辛与努力,都值得我们尊敬,更何况,他的批判成果,绝对为我们重新思索和认识法律经济学的价值提供了一种新的视角,这本身是永远有其独特价值的。

---

① 见[美]麦洛伊:《法与经济学》,孙潮译,浙江人民出版社1999年版,第146页。

参考文献

一、英文书目:

1. Peter Goodrich, "The Personal And The Political: Duncan Kennedy As I Imagine Him: The Man, The Work, His Scholarship, And The Polity",22 Cardozo L. Rev. 971.

2. Duncan Kennedy, "A Critique of Adjudication: Fin de Siecle", Harvard University Press, 1997.

3. Duncan Kennedy, "Teaching From The Left In My Anecdotage",31 N. Y. U. Rev. L. & Soc. Change 449(2007).

4. Alan Dershowitz, "Coup Against Summers a Dubious Victory for the Politically Correct", Boston Globe, Feb. 22, 2006, at A15.

5. Ken Emerson, "When Legal Titans Clash",The New York Times April 22, 1990, Sunday.

6. Adam Gearey, "Constitutional Law: Anxiety And Affirmation: Critical Legal Studies And The Critical Tradition(S)", 31 N. Y. U. Rev. L. & Soc. Change 585(2007).

7. Douglas G. Baird, "The Future of Law and Economics: Looking Forward: Introduction",64 U. Chi. L. Rev. 1138(1997).

8. Guido Calabresi and Douglas Melamed, " Property Rules, Liability Rules, and Inalienability: One View of the 9Cathedral", 85Harvard Law Review 1089(1972).

9. Daria Roithmayr, "Symposium Critical Legal Politics: Left vs. Mpm:? Politics and Denial",22 Cardozo L. Rev. 1135(2001).

10. Mark Tushnet, "Critical Legal Studies: A Political History," 100 Yale Law Journal,1515(1991).

11. Duncan Kennedy, "The Structure of Blackstone's Commentar-

ies," 28 Buffalo Law Review 205 (1979).

12. Duncan Kennedy, "Towards an Historical Understanding of Consciousness: the Case of Classical Legal Thought in America, (1850—1940), Research in Law and Sociology, ed., by S. Spitzer, 3, 3, (1980).

13. Robert Gordon, "Critical Legal Histories", 36 Stanford Low Review 57 (1984).

14. Duncan Kennedy, "Legal Education and the Reproduction of Hierarchy: A Polemic Against the System", New York University Press, 2007.

15. Duncan Kennedy, "How the Law School Fails: A Polemic", Yale Review of Law and Social Action 71, 1970.

16. Duncan Kennedy, "A Critique of Adjudication: fin de siècle", Harvard University Press, 1998.

17. Duncan Kennedy, "Legal Education and the Reproduction of Hierarchy", Legal Education. (1982).

18. Duncan Kennedy, "The Liberal Administrative Style", 41 Syracuse Law Review 801 (1990).

19. Richard A. Posner, "Public Intellectuals", Harvard University Press, 2001.

20. Duncan Kennedy, "the Political Significance of the Structure of the Law School Curriculum", Seton Hall Law Review, vol. 14: 1, 1983.

21. Duncan Kennedy, "First Year Law Teaching as Political Action, Speech presented at the Second National Conference on Critical Legal Studies", Madison, Wisconsin, November 10, 1978.

22. Duncan Kennedy, "Cost – Benefit Analysis of Entitlement Problems: A Critique", Stanford Law Review Vol. 33:387.

23. Duncan Kennedy, "Cost – reduction Theory as Legitimation", The yale law review Vol. 90, 1275, 1981.

24. Duncan Kennedy, "The Role of Law in Economics Thought: Essays On the Fetishism of Commodities", 34 Am. univ. L. Rev. 939 1986.

25. Heller, "Is the Charitable Exemption from Property Taxation an Essay Case?"

26. Duncan Kennedy, "Legal Formality", 2 Journal of Legal Study 351(1973).

27. Oliver Wendell Holmes, "The Common Law", Harvard University Press (1963).

28. Duncan Kennedy, "Form and Substance in Private Law Adjudication", 89 Harvard Law Review 1685 (1976).

29. R. 冯·耶林,《罗马法的精神》, R. von Ihering, Der Geist des Romsichen Recht § 4, at 50 − 55 (1883).

30. 庞德,司法决定理论, III, 哈佛法学评论,940 (1923), at 951

31. Tribe, "Structural Due Process", 10 Harv. Civ. Rights—Civ. Lib. L. Rev. 269, 307 (1975).

32. Heymann & Holtz, "The Severely Defective Newborn: The Dilemma and the Decision Process", 23 Public Policy 381, 410 − 16 (1975).

33. R. Unger, "Law in Modern Society", 203 − 16 (1976).

34. William Ewald, " ' Unger's Philosophy", Yale Law Journal, Apr (1988).

35. Coase, "The Nature Of The Firm", Ecomonica, 1937, 9(nov).

36. Coase, "The Problem Of Social Cost", Journal of Law and Economics, 1960, 3(No. 1).

37. Coase, "The New Institutional Economics", Journal Of Theoretical And Institutional Economics, 1984, 140(No. 1).

38. Kelman, "Consumption Theory, Prodection Theory, And Ideology In The Coase Theorem", 52 S. Cal. L. Rev. 699.

二、中文书目：

1. 卢埃林著:《普通法传统》,中国政法大学出版社 2002 年版。

2. 庞德著:《法理学》,中国政法大学出版社 2002 年版。

3. 德沃金著:《法律帝国》,中国大百科全书出版社 1996 年版。

4. 亚里士多德著:《政治学》,商务印书馆 1965 年版。

5. 边沁著:《道德与立法原理导论》,商务印书馆 1965 年版。

6. 庞德著:《通过法律的社会控制 法律的任务》,商务印书馆 1984 年版。

7. 罗纳德·德沃金著,信春鹰、吴玉章译:《认真对待权利》,中国大百科全书出版社 1998 年版。

8. 斯蒂芬·M. 菲尔德曼著,李国庆译:《从前现代主义到后现代主义的美国法律思想——一次思想航行》,中国政法大学出版社 2005 年版。

9. 丹尼斯·劳埃德著,M. D. A. 弗里曼修订,许章润译:《法理学》,法律出版社 2007 年版。

10. 张文显著:《二十世纪西方法哲学思潮研究》,法律出版社 2006 年版。

11. E. 博登海默著,邓正来译:《法理学:法律哲学与法律方法》,中国政法大学出版社 2004 年版。

12. 莫顿·J. 霍维茨著,谢鸿飞译:《美国法的变迁:1780—1860》,中国政法大学出版社 2001 年版。

13. 戴维·鲁本著,苏亦工译:《法律现代主义》,中国政法大学出版社 2004 年版。

14. 北京大学法学院司法研究中心编:《宪法的精神——美国联邦最高法院 200 年经典判例选读》,中国方正出版社 2003 年版。

15. 朱景文主编:《对西方法律传统的挑战——美国批判法学研究运动》,广西师范大学出版社 2004 年版。

16. 王治河主编:《后现代主义辞典》,中央编译出版社 2005

年版。

17. 尼古拉斯·麦考罗、斯蒂文·G. 曼德姆著,朱慧、吴晓露、潘晓松译:《经济学与法律——从波斯纳到后现代主义》,法律出版社 2005 年版。

18. 韦恩·莫里森著,李贵林、李清伟、侯健、郑云端译:《法理学——从古希腊到后现代》,武汉大学出版社 2003 年版。

19. 罗伯特·斯蒂文斯著:《法学院》,中国政法大学出版 2003 年版。

20. 理查德·波斯纳著:《道德与法律理论的疑问》,中国政法大学出版社 2001 年版。

21. 昂格尔著,吴玉章译:《现代社会中的法律》,译林出版社 2001 年版。

22. 霍布斯著,黎思复、黎廷弼译:《利维坦》,商务印书馆 1985 年版。

23. 卢梭著,何兆武译:《社会契约论》,商务印书馆 2003 年修订第 3 版。

24. 康德著,沈叔平译:《法的形而上学原理》,商务印书馆 1991 年版。

25. 帕特森著,陈锐译:《法律与真理》,中国法制出版社 2007 年版。

26. 韦伯著,林荣远译:《经济与社会》(下),商务印书馆 1998 年版。

27. 乔·史蒂文斯著,杨晓维等译:《集体选择经济学》,上海三联书店、上海人民出版社 1999 年版。

28. 哈特著,许家馨、李冠宜译:《法律的概念》,法律出版社 2006 年版。

29. 梅利曼著,顾培东、禄正平译:《大陆法系》,法律出版社 2004 年第 2 版。

30. 汉密尔顿、杰伊、麦迪逊著,程逢如、在汉、舒逊译:《联邦党人文集》,商务印书馆 1980 年版。

31. 富勒著,郑戈译:《法律的道德性》,商务印书馆 2005 年版。

32. 卡多佐著,苏力译:《司法过程的性质》,商务印书馆 1998 年版。

33. 肯尼迪著,周林刚译:《私法裁判中的形式与实质》,未刊稿。

34. 季卫东著:《宪政新论》北京大学出版社 2002 年版。

35. 优士丁尼著,徐国栋译:《法学阶梯》,中国政法大学出版社 1999 年版。

36. 王成著:《侵权损害的经济分析》,中国人民大学出版社 2002 年版。

37. 弗里德曼著:《经济学语境下的法律规则》,杨欣欣译,法律出版社 2004 年版。

38. 康芒斯著:《制度经济学》商务印书馆 1962 年版。

39. 威廉姆森著,段毅才、王伟译:《资本主义经济制度——论企业签约和市场签约》,商务印书馆 2002 年版。

40. 波斯纳著,蒋兆康等译:《法律的经济分析》,中国大百科全书出版社 1992 年版。

41. 钱弘道著:《法律的经济分析》,清华大学出版社 2006 年版。

42. 萨缪尔森、诺德豪斯著,《经济学》,华夏出版社 1999 年版。

43. 布坎南著,平乔新、莫扶民译:《自由市场与国家——80 年代的政治经济学》三联书店 1989 年版。

44. 麦洛伊著:孙潮译,《法与经济学》,浙江人民出版社 1999 年版,第 146 页。

后　记

　　2007 年秋，当我们 5 个法学理论和法律史专业的硕士生选择西方法律思想史课时，任课教授正对此课程的教学方式进行创新。老师认为，法学理论、法律史专业的研究生，在本科阶段多已修读过法理学、现代西方法理学或西方法律思想史等课程，对绝大多数的法学家及其思想演变，已有初步而系统的掌握。因此，在研究生阶段继续对这些法学流派、法学家等进行系统学习或者简单深化，已无重要价值。同时，在当前研究生教育年限以及西方法律思想史教学时间日益缩短的背景下，鼓励学生根据自己的兴趣，提早锁定具有研究价值的领域，着手深入研究并形成有价值的成果，专题式教学无疑是最好的路径。

　　基于研究价值的考虑，教授建议当学年的西方法律思想史课只选取肯尼迪作为研究对象。我们又根据兴趣和专业，分别选取了肯尼迪不同时期、不同领域的经典论文原文来深入解读。岳林选取的是肯尼迪 20 世纪 70 年代初写成的《法学院教育是如何失败的》一文；李伟阅读的是《法律形式主义》；田野力图洞悉肯尼迪的名篇《私法审判的形式与实质》；而李小伟感兴趣的则是肯尼迪对近年来的西方"显学"——法律经济学充满智慧的诘问，即《权利问题的成本效益分析》。为了使读者对肯尼迪的思想有更深刻的了解，刘松又向我们介绍了批判法学的历史以及图什内特眼中的批判法学和肯尼迪。教授通览全稿后,撰写了本书的导言,以帮助读者能更全景的了解肯尼迪。这就是本书的内容。我们相信,通过这些文章,读者完全可以把握肯尼迪的批判法学理论以及他研究的一般进路。

学习、研究、表达和评论肯尼迪的过程,既是痛苦的,也是快乐的。痛苦是因为我们每个人都要选定肯尼迪的一篇论文来阅读、翻译、理解、表达和陈述。在这个过程中,我们每个人都把需要研读的文章翻译了四五万字,论文的专业性及篇幅曾让我们每个人感到过困惑。而为了使我们的翻译、理解不至于与作者的思想出现偏差,我们还需要阅读与此相关的其他资料。但目前国内学者对肯尼迪的专门研究仍然空白,我们只能继续大量阅读与此有关的英文资料。这样高密度的阅读原文资料的过程,无疑是痛苦的。但同时,这一过程又是快乐的。我们经常为一个专业词语的含义与译法而争论。比如,《法律形式主义》与《私法审判的形式与实质》两文,都涉及对 formality 一词涵义的理解。对这一词语,国内有译者译作"形式性",但我们通过争论后认为,在肯尼迪的部分论文中,的确适于译作"形式性",但在有些或者更多地方,还是译作"形式主义"为宜。这种争论的过程以及通过争论而达成的共识,都无疑会让我们乐在其中。为了搜集更多的资料、更好了解肯尼迪及其思想,我们也多次与现在北大法学院学习的几名美国留学生交流,这些美好的学术研究和探讨过程,使我们收获到学识和友谊双重成果。

游学于北大,就教于先生,真人生难得之大幸。西方法律思想史,析疑启思于有形无意之中;人生哲学与学问之道于谈笑品茗之余,此乃人生一大乐趣。

最后,我们要感谢中国人民大学法学院的吕世论教授,黑龙江大学出版社的领导和丛书编辑孟庆吉先生。他们对本套丛书的策划与支持,是我们研究肯尼迪的莫大机遇,我们也要感谢为本书的出版付出辛勤工作的编辑,没有他们的汗水,本书也不可能顺利面世。

　　书稿写完时,冬天刚刚过去,正是北京的又一个春天。2008 年,让我们期待更多的收获与感动。

徐爱国
2008 年于北大畅春园